LES 12 LOIS UNIVERSELLES
DU KARMA

Les 12 Lois Universelles du Karma

© 2020 Harael Editions

Dépôt légal : 3ème trimestre 2020

Edition : Harael Editions – 10 rue Charles Perrault 98835 – Dumbéa – Nouvelle Calédonie

Le code de la propriété intellectuelle n'autorisant, aux termes de l'article L. 122-5, 2° et 3°a, d'une part, que les « copies ou reproductions strictement réservées à l'usage privé du copiste et non destinées à son utilisation collective » et, d'autre part, que les analyses et les courtes citations dans un but d'exemple et d'illustration, « toute représentation ou reproduction intégrale ou partielle faite sans le consentement de l'auteur ou des ayants-droit ou ayants-cause est illicite » (art. L. 122-4). Cette représentation ou reproduction, par quelque procédé que ce soit, constituerait donc une contrefaçon sanctionnée par les articles L. 335-2 et suivants du Code la propriété intellectuelle.

ISBN : 978-2-492275-00-5

LES 12 LOIS UNIVERSELLES DU KARMA

Découvrez les secrets de l'Univers
et reprenez le contrôle de votre vie.

Par Chris Liaret

*À tous ceux qui poursuivent leurs rêves
et veulent changer le monde.*

Sommaire

Introduction 11

Chapitre 1 : La Loi de Cause à Effet 19

Chapitre 2 : La Loi de la Création 41

Chapitre 3 : La Loi de l'Humilité 67

Chapitre 4 : La Loi de la Croissance 81

Chapitre 5 : La Loi de la Responsabilité 105

Chapitre 6 : La Loi de la Connexion 121

Chapitre 7 : La Loi de la Concentration 139

Chapitre 8 : La Loi du Don et de L'Hospitalité 151

Chapitre 9 : La Loi de l'Ici et Maintenant 167

Chapitre 10 : La Loi du Changement 185

Chapitre 11 : La Loi de la Patience et de la Récompense 195

Chapitre 12 : La Loi de l'Importance et de l'Inspiration 213

Conclusion 227

INTRODUCTION

Introduction

« Un voyage de mille lieues commence toujours par un premier pas. » - Lao Tseu

Voici un mot dont on croit saisir le sens sans pouvoir véritablement l'expliquer : **le Karma**.

En Occident, certains le voient comme une fatalité immuable établie par les actions d'une vie antérieure ; il est aussi perçu comme un système de points, permettant d'atteindre une meilleure existence dans une vie future. Mais qu'en est-il réellement ?

Qu'est-ce que le Karma ?

Le mot Karma en Sanskrit signifie « *action* ». En prenant le sens originel et littéral du mot, celui-ci représente **l'action <u>sous toutes ses formes</u>**.

Mais qu'est-ce que cela signifie réellement ? Pour mieux comprendre, il faut savoir qu'il existe deux niveaux.

1. **Physique** : ce que l'on voit.
2. **Vibratoire** : ce que l'on ne voit pas.

Le Karma est une combinaison de ces deux paramètres, quand les niveaux vibratoire et physique sont réunis. **C'est lorsque les pensées, émotions et intentions sont liées aux actes.** Le Karma d'une personne est donc le fruit de plusieurs actions passées (physiques et vibratoires), affectant le présent et l'avenir.

Néanmoins, tous vos actes n'impactent pas forcément votre Karma.

Exemple : Si vous poussez une porte et que, par inadvertance, elle heurte quelqu'un de l'autre côté, cela n'affectera en rien votre Karma.

En revanche, si vous poussez une porte avec **l'intention** de blesser une personne arrivant en face, dans ce cas, votre Karma en sera affecté.

Le plus important à comprendre ici est que, sans une pensée, une émotion, une intention – positive ou négative – la loi karmique n'agit pas. C'est donc bien **l'intensité émotionnelle** que l'on met dans un geste, qui permet au Karma d'entrer en jeu. Percevez-le comme un cumul d'énergie invisible, dérivé de votre comportement.

Le Karma étant principalement une loi de causalité, vous recevrez – dans cette vie ou dans une autre – ce que vous avez semé. Que cela soit positif ou négatif.

« Si vous voulez savoir ce que vous étiez dans les vies antérieures, regardez ce que vous êtes actuellement ; si vous voulez savoir ce que vous deviendrez dans les vies futures, regardez ce que vous faites maintenant. » - Proverbe Tibétain

Le cycle des renaissances

Lorsque l'on parle de Karma, on pense également à la notion de renaissance. Même si dans notre culture populaire, il est lié à la réincarnation et aux vies antérieures, il n'est pas limité qu'à cela.

En effet, vous pouvez « renaître » à n'importe quel moment de votre vie.

Même si les enseignements disent que chaque vie humaine est déterminée par les actions de la précédente, il est très important de reprendre possession de son pouvoir créateur.

Certes, vous êtes aujourd'hui le résultat de vos choix antérieurs ; mais ce que vous serez demain sera le résultat des choix que vous ferez aujourd'hui. C'est aussi cela qu'on appelle « renaître ».

Laissez le passé au passé et concentrez-vous sur votre vie actuelle. N'oubliez pas que votre Karma évolue selon ce que vous faites.

Une loi universelle

Que vous y pensiez ou non, que vous y croyez ou non, que le vouliez ou non, toutes les lois universelles fonctionnent indépendamment de votre volonté. Et la Loi du Karma n'y fait pas exception. Comme la gravité par exemple, elle est toujours en action, quelques soient les circonstances.

Cependant de nos jours, le Karma est souvent interprété de manière négative, un peu comme une fatalité. **Comprenez qu'il ne punit pas seulement les mauvaises actions, mais récompense aussi les bonnes.** D'un côté, il y a le cercle vicieux, de l'autre le cercle vertueux.

Il existe deux types de Karma d'après les croyances bouddhistes :

1. Le karma immédiat

Lorsque les retombées ne se font pas attendre.

Exemples : Vous frappez quelqu'un et il vous frappe à son tour ; Vous souriez à une personne et elle vous sourit en retour.

2. Le karma différé

Lorsque les retombées se font sentir des mois ou des années plus tard, voire même dans la vie d'après.

Exemples : Vous ne fournissez aucun effort dans votre travail, et quelques mois après vous êtes viré ; Vous aidez quelqu'un et quelques années après, il vous aide en retour.

INTRODUCTION

Apprivoisez votre Karma, ne le subissez pas

Comme je l'ai dit précédemment, une des principales idées reçues concernant le Karma est qu'il est souvent assimilé à une fatalité. Certains s'y enferment en l'utilisant comme excuse, un peu comme si rien ne pouvait modifier le cours d'un destin déjà établi.

Dans notre société actuelle, la majorité utilise le concept de Karma pour excuser et perpétuer une certaine injustice et/ou inégalité. Donc l'idée de dire, « *c'est le Karma, je ne peux rien faire* », revient à dire « *j'abandonne, ça ne sert à rien* ».

Cependant, j'ai une bonne nouvelle pour vous : **le Karma ne vous enlève pas votre pouvoir d'action et de création**, bien au contraire.

Son but principal est de vous enseigner le concept de responsabilité quant aux conséquences – bonnes ou mauvaises – de vos actes. Très clairement, le Karma devrait être davantage ciblé sur le présent et l'avenir, que sur le passé. Cela suppose que **tout ce que vous faites maintenant, aura un impact demain**. Dès lors que vous aurez assimilé le Karma de cette manière, il deviendra un concept très puissant et bénéfique pour vous.

Comprenez que l'Univers recherche toujours l'équilibre. Si vous donnez, vous recevrez. Si vous jugez, vous le serez également... C'est l'effet boomerang que nous connaissons bien (action/réaction).

Les 12 lois du Karma

Le Karma comprend 12 lois universelles. **Elles sont toutes <u>interconnectées</u> et de chacune découlent des pratiques intéressantes.** Celles-ci nous permettent de maîtriser au mieux nos pensées, émotions et actions afin de changer nos vies pour le meilleur... La seule condition est de les mettre en œuvre avec bon sens, sans superstitions, et sans frénésie naïve.

Certaines lois universelles seront faciles à appliquer, d'autres un peu moins. Je ne peux pas vous dire laquelle vous conviendra le mieux. La meilleure chose à faire est d'en prendre connaissance, et voir laquelle *résonne* le mieux en vous. Il est important de **respecter votre propre rythme** et d'y aller étape par étape. N'essayez pas de tout faire en même temps. Cela deviendrait une corvée, et vous risquez d'abandonner. Bien entendu, c'est ce que l'on veut éviter.

INTRODUCTION

La justesse de vos actes vous appartient.

Les 12 lois du Karma vous enseigneront que tout est entre vos mains ! Vous et vous seul pouvez provoquer l'opportunité d'un meilleur niveau d'existence et d'éveil.

En suivant ces lois, l'Univers fera apparaitre des portes où vous pensiez qu'il n'y avait que des murs.

Seulement, aurez-vous le courage de les ouvrir ?

La réponse, bien entendu, ne dépend que de vous…

Chapitre 1
La Loi de Cause à Effet

« *Tout ce que vous faites a un impact. À vous de choisir quel impact vous voulez avoir.* » - Jane Goodall

La Loi de Cause à Effet, aussi appelée « La Grande Loi », est la plus importante des lois karmiques. Elle est le socle de toutes les autres, et régit tout ce qui existe dans l'Univers.

Il est indispensable d'intégrer ses fondamentaux pour votre évolution personnelle et spirituelle. C'est la raison pour laquelle je vous invite à lire attentivement ce chapitre, et à y revenir aussi souvent que possible, afin de vous réimprégner de ses enseignements.

Vous remarquerez également, au cours de votre lecture, que la Loi de l'Attraction et la Loi de Cause à Effet sont très similaires. Cela est tout à fait normal car les deux partagent la même ligne de pensée :

« Tout ce que vous envoyez dans l'Univers vous sera rendu. Que cela soit positif ou négatif. »

__Soyez aligné__

Pour faire simple, si vous souhaitez des manifestations **positives** dans votre vie, il vous faut les incarner à tous les niveaux (corps, âme, esprit). C'est ce que l'on appelle la « **trinité spirituelle** ».

En d'autres termes vous devez être aligné sur 3 choses :

1. Vos pensées
2. Vos émotions
3. Vos actions

En effet, **vos pensées** créent des **émotions** qui engendrent **vos actions**.

Prenons l'exemple de Marie.

1ère étape : **Les pensées**

Il est tard, le compagnon de Marie n'est toujours pas rentré, et son téléphone ne répond pas. À partir de là, celle-ci commence à imaginer de multiples scénarios : pourquoi son téléphone est-il éteint ? Il est sans doute avec quelqu'un d'autre ? Est-il en train de me tromper ?

2ème étape : **Les émotions**

Au bout de quelques minutes, Marie commence à ressentir du doute, de l'agacement et de la colère ; tellement, qu'elle envisage une rupture avec son compagnon.

3ème étape : **Les actions**

Le compagnon de Marie rentre enfin. Il n'a même pas eu le temps d'enlever ses chaussures que celle-ci, sans attendre, l'invective et l'insulte. Il lui explique qu'il est sorti en retard de son travail, a été pris dans les embouteillages, et que son téléphone n'a tout simplement plus de batterie. Malgré ses explications, rien n'y fait. Une violente dispute éclate. Marie ne veut rien entendre et reste persuadée que son compagnon lui ment.

Ce soir, ils resteront chacun dans leur coin, et se coucheront sans s'adresser la parole.

L'effet boule de neige

D'après vous, quelles répercussions cela aurait-il sur leur relation ? Et même sur leur journée du lendemain ? Ainsi que sur les interactions qu'ils vivront au cours de cette journée ?

Cette petite histoire montre à quel point la Loi de Cause à Effet est puissante, et peut **impacter un grand nombre de vies**, mais surtout que tout part…d'une simple pensée !

Cette loi encourage donc réellement à prendre conscience de ce que l'on crée, que ce soit au niveau physique ou vibratoire ; individuel ou collectif.

N'oubliez pas : les pensées mènent aux émotions, les émotions mènent aux actions, et les actions mènent aux résultats. **C'est ainsi que se crée le Karma.**

Mais développons tout ceci au travers de quelques concepts qu'il est primordial d'aborder.

La Loi de la Vibration

« Si vous voulez trouver les secrets de l'univers, pensez en termes d'énergie, de fréquence, d'information et de vibration. » - Nikola Tesla

Le premier concept qu'il vous faut comprendre est celui d'une loi fondamentale de l'Univers : **la Loi de la Vibration**.

Chaque chose existante, de la plus grande étoile au plus petit grain de sable, est une énergie, et l'énergie est dans un état constant de vibration.

Des scientifiques comme Einstein, ou encore Edison, ont démontré ce fait. Chaque individu ou objet est constitué d'atomes, et ces atomes « vibrent ». Chaque objet ou individu émet donc des vibrations.

Votre cerveau donne un sens aux vibrations

Cela peut être difficile à croire étant donné que tout autour de nous parait si solide. Si tout est énergie, pourquoi ne puis-je pas passer ma main à travers le clavier sur lequel j'écris ces lignes ? La réponse se trouve dans le terme suivant : **la fréquence.**

Votre subconscient est tellement puissant, qu'il a regroupé toutes les vibrations autour de vous. Puis il a appris à les transposer dans votre « réalité », de manière à leur donner un sens.

Réfléchissez-y un instant ...

- **Que sont les couleurs que vous percevez ?**

Si vous avez été attentif en cours de sciences physiques, alors vous savez que la couleur est juste une vibration à une fréquence particulière.

Si vous étiez distrait, vous pouvez retrouver un petit rappel de la leçon sur le site de l'université de Paris (*e-cours.univ-paris1.fr*).

- **Que sont les sons que vous entendez ?**

Ce sont également des vibrations à une fréquence particulière (exprimé en Hertz), que votre cerveau traduit dans le but de leur donner un sens.

La perception de l'extérieur vient de l'intérieur

À partir de ces connaissances, on peut donc dire que votre « réalité » se trouve principalement dans votre tête. Il n'y a rien « en dehors », même si l'on peut penser le contraire. D'ailleurs, des centaines d'études, de recherches et de conférences ont été faites pour prouver ce point.

L'idée est que vous ne pouvez pas expérimenter votre réalité, sans la faire passer au préalable par le sas de votre conscience. Pour faire simple : votre perception de « l'extérieur » vient de « l'intérieur ».

Mais même après avoir eu la preuve que tout autour de vous n'est que vibration, il est très difficile de s'emparer et d'assimiler cette information. Accepter cette idée est bien plus facile que d'y croire réellement.

Afin de commencer à créer consciemment votre réalité, il faut tout d'abord comprendre – **et surtout croire** – que tout est énergie.

Qui se ressemble, s'assemble

Suivant le principe de la Loi de la Vibration, le deuxième concept à saisir est que **les vibrations de fréquence similaire sont attirées l'une par l'autre.**

Pensez à deux gouttes d'eau qui se déplacent lentement l'une vers l'autre. Que se passe-t-il lorsqu'elles se rapprochent ? Elles s'attirent pour devenir une seule goutte d'eau au lieu de deux.

Cela se produit car elles ont la même vibration. Maintenant, pensez au phénomène identique avec une goutte d'eau et une goutte d'huile. Peu importe à quel point vous les rapprochez, elles ne fusionneront jamais. En effet, leurs vibrations sont différentes.

Telle est l'idée sur laquelle est basée la Loi de Cause à Effet. Si vous voulez attirer quelque chose dans votre vie, commencez à vibrer à un niveau qui est en harmonie avec ce que vous désirez.

Et ceci, mine de rien, est une énorme révélation !

Prenez le contrôle de votre vie

Dans ce cas, si :

1. Tout est vibration
2. Les vibrations de fréquences similaires s'attirent mutuellement
3. Vous avez la possibilité de contrôler votre vibration

Alors vous pouvez sans aucun doute orienter **favorablement** les conditions de votre vie.

Note : N'hésitez pas à revenir sur cette partie. Elle contient des notions très importantes qui représentent le socle sur lequel le Karma se construit.

Utilisez votre esprit

La plupart du temps nous rencontrons des problèmes, car nous essayons de contrôler d'abord notre réalité, sans ajuster auparavant notre vibration. Tant que vous ne serez pas sur la bonne

« fréquence », rien de ce que vous ferez ne pourra vous aider à créer la réalité que vous désirez.

Si malgré tous vos efforts, vous ne parvenez jamais à atteindre vos buts, ou que vous observez certains « blocages » dans votre vie, c'est que vous n'êtes probablement pas sur la bonne fréquence.

Un travail intérieur

À partir de là, le travail doit se faire avant tout à « l'intérieur », dans notre tête. Une fois que vous aurez appris à conditionner votre esprit aux fréquences de vibrations souhaitées, alors vous verrez se manifester dans votre réalité des opportunités qui vous permettront d'avancer.

C'est ici que réside la véritable puissance de la Loi de Cause à Effet.

Prenez le temps de réfléchir profondément à ces principes, et voyez si cela résonne en vous, sur le plan logique ou émotionnel.

Si vous y pensez longuement et que vous essayez de les appliquer à votre vie quotidienne, alors vous arriverez à la même conclusion que les plus grands leaders de l'histoire de l'humanité : **nous avons le** pouvoir de créer notre propre réalité – et donc d'influencer notre Karma.

L'échelle émotionnelle

L'échelle émotionnelle est un système de mesure très simple à utiliser, qui permet de savoir si vous êtes ou non sur la bonne voie.

Vous l'aurez compris, la première étape pour maîtriser la Loi de Cause à Effet est de prêter attention à vos pensées. Cependant, avec plus de 60.000 pensées par jour, vous vous doutez qu'il est parfois difficile de faire le tri entre celles qui sont positives et négatives.

Mais il y a une méthode plus simple, c'est tout simplement d'être attentif à **vos émotions** !

Créateur ou victime

Cette échelle permet de savoir sur quelle fréquence on se positionne. Si vos émotions se trouvent dans la gamme positive, c'est que vous êtes sur la bonne voie (et que vous créez un Karma positif). Au contraire, si vos émotions se trouvent dans la gamme négative, alors vous devez changer quelque chose.

C'est ce qui déterminera entre autres si vous créez votre vie, ou si vous la subissez.

Les différentes émotions

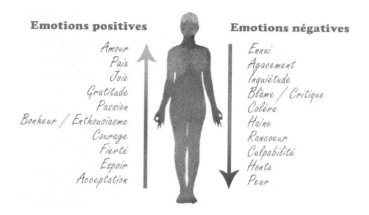

Toutes les émotions sont positives

Cependant, même si le tableau est scindé en deux parties (émotions positives et négatives), essayez tout de même de vous rappeler qu'au final, **toutes les émotions sont positives.**

Je m'explique : une émotion négative a une utilité car elle sert de panneau indicateur pour vous montrer que vous n'êtes pas sur la bonne voie.

Considérez donc cela comme un outil positif.

Votre GPS interne

N'oubliez pas que **vous êtes avant tout un être d'émotions**, et que ce sont elles qui guident réellement votre vie.

On peut également comparer cette échelle émotionnelle à un GPS se trouvant à l'intérieur de nous. Si vous voyez que vous faites fausse route, reprenez tout simplement la bonne direction.

Quelle vibration émettez-vous ?

Si vous avez pris la peine de lire jusqu'ici, alors vous avez compris que vos émotions émettent des vibrations, et que **les vibrations de fréquence similaire sont attirées l'une par l'autre**. Donc plus celle-ci est élevée, plus vous êtes en accord avec vous-même. C'est d'ailleurs en étant en totale harmonie avec soi que l'on est capable d'attirer de magnifiques opportunités, permettant de changer sa vie et son Karma pour le meilleur.

Toutes les émotions sont positives

Une vibration élevée est principalement liée à :

- L'amour
- La paix
- La joie
- La gratitude
- Le bonheur
- La passion / l'enthousiasme
- Le courage
- La fierté
- L'espoir
- L'acceptation etc...

Tandis qu'un faible niveau de vibration est surtout lié à :

- La peur
- La colère
- La haine
- Le blâme / la critique
- La rancœur

- L'agacement
- La culpabilité
- La honte
- L'inquiétude
- L'ennui etc...

Il y a bien entendu des choses que vous pouvez faire pour **augmenter votre vibration**, mais vous devez en premier lieu avoir une idée du niveau sur lequel vous êtes.

L'échelle émotionnelle que nous avons vue précédemment permet d'avoir une première idée, les signes suivants permettront de la confirmer.

Les signes d'un faible niveau vibratoire

- Vous avez l'impression de n'avoir aucune réelle direction ou de ne pas savoir où vous allez – vous êtes bloqué, et anxieux sur ce que l'avenir vous réserve.

- Vous essayez de refouler des sentiments néfastes tels que la jalousie, l'amertume, le ressentiment, mais vous sentez qu'intérieurement ces émotions vous rongent profondément.

- Vous êtes bien physiquement, en bonne santé, mais vous vous sentez toujours fatigué (même après une longue nuit de sommeil).

- Vous ne savez pas vraiment ce que vous voulez dans votre vie ou quels sont vos buts majeurs.

- Vous ne vous souciez plus vraiment des personnes autour de vous.

- Vous vous sentez constamment coupable de quelque chose (cela peut également être à un niveau inconscient).

- Vous vous décrivez comme quelqu'un de cynique.

- Vous avez rarement tendance à penser à l'impact de vos actions envers les autres.

- Vous passez la plupart de votre temps à vous plaindre.

- Il vous est difficile de trouver de la beauté dans la vie, même lorsque les autres vous parlent de ce qui les inspire, ou de ce qui les émeut.

- Vous vous engagez dans de mauvaises habitudes que vous aimeriez changer, mais vous ne vous sentez jamais capable de vous en débarrasser, et d'adopter un meilleur comportement.

- Vous argumentez souvent vivement ou nerveusement vos conversations avec les autres, ce qui vous vaut de rentrer dans des conflits inutiles.

- Vous ne vous sentez pas bien physiquement, et ne trouvez pas l'énergie de vous engager dans des exercices réguliers pour votre bien-être mental ou physique (comme faire du sport, méditer etc...).

- Votre esprit va constamment du côté négatif, et vous avez du mal à voir le côté positif d'une situation (même lorsque c'est évident).

- Le pardon est une chose que vous avez du mal à accorder – que ce soit à autrui ou à vous-même.

- Vous avez tendance à toujours ressasser vos problèmes auprès de vos amis, ce qui prend de l'énergie à tout le monde.

Puis-je changer si j'ai un faible niveau vibratoire ?

La réponse est oui.

Il y a des techniques et des rituels simples qui peuvent vous aider à élever votre taux vibratoire. J'en parlerai dans les prochains chapitres, ne vous inquiétez pas.

Les signes d'un niveau vibratoire élevé

- Vous parvenez à vous autoanalyser, et avez généralement une bonne compréhension de vos motivations, sentiments et pensées.

- Vous vivez plus dans le moment présent, au lieu de vous renfermer dans le passé ou de vous inquiéter du futur.

- Vous avez une humeur assez stable, et êtes émotionnellement équilibré.

- Vous êtes une personne disciplinée, et vous finissez toujours ce que vous commencez.

- Vous avez beaucoup d'empathie, il vous est facile de vous mettre à la place des autres, imaginant ce qu'ils peuvent ressentir.

- Vous vous sentez souvent reconnaissant pour tout ce que vous avez dans la vie.
- Vous êtes une personne épanouie, et arrivez à inspirer les gens autour de vous.
- Vous êtes créatif et souvent inspiré.
- Vous êtes à l'écoute de votre corps, et savez ce dont il a besoin en termes de nourriture, repos, exercices et soins.
- Vous lâchez prise rapidement sur les problèmes que vous rencontrez (surtout s'ils sont hors de votre contrôle).
- Vous êtes souvent de bonne humeur et vous vous surprenez à rire à plusieurs moments de la journée – parfois de vous-même, car vous avez de l'autodérision et savez que vous ne devez pas prendre la vie trop au sérieux.
- Vous n'êtes pas matérialiste et savez quand vous débarrasser des choses qui encombrent votre espace.
- Vous avez un réel objectif, et croyez avoir trouvé votre vocation dans la vie.
- Les gens s'ouvrent à vous, ils vous trouvent sensible et digne de confiance.

- Votre corps est en santé et vous êtes débordant d'énergie.
- Vous pardonnez aux gens pour leurs erreurs, ainsi qu'à vous-même.

Alors ? Après avoir lu ces différents signes, pensez-vous avoir un niveau vibratoire élevé ou non ? Soyez honnête avec vous-même. C'est uniquement de cette manière que vous avancerez.

Qu'allez-vous semer ?

La Loi de Cause à Effet, omniprésente dans notre vie, permet donc de prendre conscience de ce que l'on sème quotidiennement. Peu importe ce que vous semez, c'est ce que vous obtiendrez.

Le conte des deux loups

Un soir, un vieil indien Cherokee raconte à son petit-fils l'histoire de la bataille intérieure qui existe en chacun de nous, et lui dit :

« Mon fils, en chacun de nous se tient un combat intérieur.

C'est un combat jusqu'à la mort et il se tient entre deux loups.

Le premier est ténébreux : il est la colère, l'envie, la jalousie, la tristesse, le regret, l'avidité, l'arrogance, l'apitoiement sur soi-même, la honte, le rejet, le mensonge, l'infériorité, la supériorité, la fausse fierté et l'égo.

Le second est lumineux : il est la joie, la paix, l'amour, l'espoir, la sérénité, l'humilité, la gentillesse, la bienveillance, l'empathie, la générosité, la vérité, la compassion et la foi. »

Le petit-fils songea à cette histoire pendant un long moment et demanda à son grand-père :

« Quel est le loup qui gagne ? »

Le vieil homme sourit et lui répond simplement :

« Celui que tu nourris. »

Les questions à se poser régulièrement

Pour aller plus loin et prendre conscience de ce que nous sommes en train de créer, il est important de se poser les questions suivantes. Vos réponses détermineront bien entendu, si vous êtes

« karmiquement » en train de semer quelque chose de bon pour vous ou non.

1. Quelles seront les conséquences du choix que je vais faire ?
2. Ce choix va-t-il apporter, à moi et à autrui, du bonheur et de l'épanouissement ?
3. En faisant ce choix, suis-je aligné au niveau de mes pensées et émotions ?
4. Quelles émotions prédominent dans ma vie ?

N'oubliez pas que pour utiliser la Loi de Cause à Effet à votre avantage, vous devez être aligné sur des vibrations positives. Et cela s'applique pour :

- **Vos pensées**
- **Vos émotions**
- **Vos actions**

Commencez, dès aujourd'hui, à semer les graines karmiques d'un avenir meilleur.

Chapitre 2
La Loi de la Création

« *Une vision sans action n'est qu'un rêve. L'action sans vision ne mène nulle part. Une vision accompagnée de l'action peut changer le monde.* »
- *Loren Eiseley*

La Loi de la Création nous apprend à transformer l'attente en action.

Vous ne devez pas vous contenter d'attendre que de bonnes choses arrivent comme par magie dans votre vie ; vous devez y participer activement.

Si vous ne faites rien et que vous restez assis dans votre fauteuil à uniquement réciter des mantras positifs, il ne se passera jamais rien et vous n'atteindrez jamais vos objectifs.

Vous êtes responsable de votre vie. **Si vous n'agissez pas, elle ne changera pas !**

N'oubliez pas que le Karma se construit autour de la « **trinité spirituelle** » (pensées, émotions et actions). Il est donc important de bien appliquer la Loi de la Création dans votre vie.

La création passe par l'action

L'action est la réalisation d'une volonté, la transformation d'une intention en acte concret.

L'action complète la pensée et la réflexion, car ces deux dernières ne sont pas suffisantes pour transformer votre vie.

N'oubliez jamais que **l'Univers récompense vos actions**. Mais aussi simple et vrai que puisse paraître ce principe derrière la Loi de la Création, il est étonnant de voir autant de personnes s'embourber dans :

- L'analyse

- La planification
- L'organisation

Alors qu'il suffirait tout simplement de passer aux actes.

Vous êtes ce que vous faites

Vos actes définissent votre vie. Et si vous ne vous sentez pas à votre place, pourquoi continuez-vous de faire ce que vous faites ?

Si vous rêvez d'une vie meilleure et que vous n'agissez pas pour y amener du changement, ne vous étonnez pas que rien ne change.

Souvenez-vous que **la différence entre ce que vous avez, et ce que vous voulez, se trouve dans ce que vous faites.**

Gagner à la loterie

Il était une fois, un homme bon qui, régulièrement, s'adressait à Dieu.

« Dieu, s'il te plaît, aide-moi. Fais-en sorte que je puisse gagner à la loterie. »

Le mois suivant, n'ayant toujours pas remporté le gros lot, il s'adresse de nouveau à lui.

« Dieu, s'il te plaît, aide-moi. Je suis gentil avec mon épouse. Je suis généreux avec autrui. J'apporte mon soutien à des associations caritatives. Je fais en sorte de toujours penser positivement. Tous les jours, je fais preuve de gratitude. Accorde-moi cette faveur, et fais que je puisse gagner à la loterie. »

Les années passent et malheureusement, l'homme n'avait toujours pas remporté le gros lot.

Arrivé au Paradis, face à Dieu, l'homme demande :

« Dieu, pourquoi ne m'as-tu pas aidé ? Pourquoi n'ai-je jamais gagné à la loterie ? J'ai pourtant été quelqu'un de bien tout au long de ma vie. Je ne comprends pas. »

Dieu le regarde attentivement et répond :

« Mon enfant, j'ai entendu tes prières, et je t'aurais aidé avec plaisir. Seulement, il aurait fallu que tu achètes au moins un billet. »

L'action inspirée

Vous l'aurez compris, sans action, il n'y a pas de changement possible. C'est ce que nous apprend cette petite histoire. D'ailleurs ne dit-on pas « *Aide-toi et le ciel t'aidera* » ?

Qui plus est, si vous agissez avec enthousiasme et bonne humeur, vous serez aligné avec l'Univers, et tout se déroulera facilement devant vous.

Nous appelons cela : **l'action inspirée.**

N'oubliez pas que l'énergie derrière l'action est également importante. **C'est de là que découle un Karma positif ou négatif.**

Cependant, ceci ne doit pas être une excuse à la procrastination. Même si cela à son importance, n'attendez pas des émotions positives pour entreprendre. Car la plupart du temps, c'est après avoir agi que vous allez en ressentir. Dans ce cas, cela signifie que vous êtes toujours aligné, et que vous vous construisez un meilleur avenir karmique.

Si la perspective du changement ne vous laisse pas indifférent, que vous ressentez peur ou excitation, voilà un très bon indicateur d'envies et de profond besoin de changement.

Et si vous ressentez au plus profond de vous que vous devez agir, mais que vous n'y parvenez pas, c'est sans aucun doute que vous faites face à certains blocages.

Les différents freins à l'action

Pour vous réaliser pleinement, il vous faudra obligatoirement agir.

L'action précède toujours le changement, **elle est indispensable pour obtenir des <u>résultats</u>.**

Si le fait de devoir agir vous effraie, ne vous en faites pas, cela est normal. Il existe sans doute dans votre for intérieur certains blocages qu'il est important de mettre en lumière.

Voici donc une liste des différents freins que vous pourrez rencontrer. Si vous avez du mal à entreprendre, essayez d'identifier lequel vous handicape, afin de pouvoir y remédier plus tard.

Aussi, ne vous mettez pas la pression, il est important de faire les choses à votre rythme et d'y aller étape par étape. Chaque progrès, aussi petit soit-il est un pas dans la bonne direction et dans la construction d'un meilleur avenir karmique.

Trouver la source d'un problème, c'est avoir fait 50% du chemin de guérison.

Premier frein : L'indécision

« Il n'y a pas d'homme plus malheureux que celui chez qui l'indécision est une habitude. »
- William James

L'indécision se définit comme l'incapacité à faire un choix lorsque le contexte l'exige. Être incertain, flou, peut mener à la procrastination, et créer un véritable état de malaise physique et émotionnel.

L'action plutôt que l'inaction

Peut-être connaissez-vous ce fameux dicton :

« Une mauvaise décision vaut mieux que de l'indécision ».

En d'autres termes, l'esprit de décision est important, il vous fera toujours plus évoluer que l'immobilisme. C'est uniquement de cette manière que vous mettrez **la Loi de la Création** à votre service.

Lorsque l'on prend une décision, on peut rarement savoir quelles seront les vraies conséquences. Par contre, en ne prenant aucune décision, vous vous refusez **tout changement, toute évolution** et donc **toute amélioration.**

Il est normal d'hésiter. Pour autant, ne vous figez pas dans cette situation. Le doute mine la confiance en soi et sème les graines d'un avenir incertain.

Accepter de se tromper

Si l'indécision touche surtout les personnes très cérébrales qui réfléchissent constamment, tout le monde peut éprouver des difficultés à faire un choix à un moment donné de son existence.

Lorsque l'on se plaint de ne pas arriver à trancher, on est en réalité paralysé par la peur de se tromper.

Pour savoir se prononcer, il est donc indispensable d'accepter l'éventualité d'une erreur. Autrement dit, il faut lâcher prise et accepter que l'on ne puisse pas tout contrôler.

Faites confiance à l'Univers, et croyez que tout ce que vous faites, vivez et expérimentez, a <u>un sens</u>.

D'ailleurs, plusieurs techniques de développement personnel, comme la méditation, peuvent vous guider progressivement sur ce chemin étonnant qu'est celui du lâcher-prise.

Enfin, je répète que la prise d'une décision, bonne ou mauvaise, est toujours préférable à la passivité. Si l'on peut apprendre de ses erreurs, la passivité, elle, n'a rien à nous enseigner.

Le journaliste et le businessman

Un journaliste interview un célèbre businessman :

« *Monsieur, puis-je vous demander votre recette du succès ?* »

« *Ça tient en deux mots.* »

« *Deux mots ?* »

« *Bonnes décisions.* »

« *Ah oui bien sûr ! Comment arrivez-vous à prendre de bonnes décisions ?* »

« Ça tient en un mot. »

« Quel est ce mot ? »

« L'expérience. »

« Et cette expérience, comment l'obtenez-vous ? »

« En deux mots : mauvaises décisions. »

Ne pas attendre le moment parfait

Les conditions dans lesquelles vous vous trouvez peuvent influencer grandement votre décision et votre passage à l'action.

Certains justifient d'ailleurs leur inaction en prenant les conditions comme excuses :

- *« J'attends le mois prochain pour débuter, j'aurai plus de temps. »*
- *« J'attends une meilleure conjoncture. Il est trop tôt pour intervenir maintenant. »*
- *« Je n'ai pas le temps actuellement. »*
- *« L'année prochaine, je prendrai de nouvelles résolutions ! »* etc...

Comprenez bien que le moment parfait n'existe pas. N'attendez pas de configuration parfaite et un alignement de planètes pour agir. Ne vous cachez pas derrière des excuses.

Et devinez ce que la vie vous renvoie dans ce cas ? Encore plus d'attente.

En effet, n'oubliez pas que **tout ce que vous envoyez dans l'Univers vous sera rendu.**

Agir amène toujours une prise de risque, c'est certain. Mais quel est le plus grand risque ? Essayer d'accomplir ses rêves, ou se complaire dans une vie qui ne vous satisfait pas ?

J'ai une nouvelle pour vous. Dans le premier cas, vous avez une chance de réussir. Dans le deuxième, vous n'en avez aucune.

Vivre prudemment, sans prendre de risques, c'est risquer de ne pas vivre.

Agissez et sortez de votre zone de confort ! Croyez-moi, vous en ressortirez grandi. La nouveauté est stimulante et intimidante, et c'est ça qui en fait toute sa beauté.

Écouter ses émotions

Savoir statuer, c'est avant tout se montrer attentif à ses émotions, à son intuition, cette petite voix intérieure à peine audible nous indiquant la marche à suivre.

En effet, lorsque nous devons prendre une décision importante, nos capacités intellectuelles ne sont souvent d'aucun secours. Nous avons beau tourner et retourner les choses en tous sens, aucune solution ne se présente à notre esprit.

Dès lors, il est capital de prendre du recul et d'écouter son cœur.

<u>Visualisez</u>

Installez-vous confortablement, détendez-vous, et imaginez que vous avez déjà choisi l'une des deux options qui s'offrent à vous.

Visualisez la scène dans tous ses détails. Quel temps fait-il ? Avec qui êtes-vous ? Où êtes-vous exactement ? Prêtez ensuite attention à vos sensations corporelles, et à vos émotions.

Que ressentez-vous ?

Si cela est agréable, c'est que vous tenez probablement votre solution !

Écoutez votre GPS intérieur. Lui seul saura vous guider sur le bon chemin.

La liste des avantages et inconvénients

Nous l'avons vu, il faut savoir s'interroger émotionnellement avant de se résoudre à agir. Toutefois, cela implique de ne pas céder à la panique et à la peur de faire le mauvais choix.

Or, les personnes ayant l'habitude de tout contrôler peuvent être paralysées par l'idée de se tromper et de perdre ainsi **l'emprise illusoire** qu'elles exercent sur leur vie.

Le recours aux bonnes vieilles méthodes en matière d'arbitrage peut alors être utile.

Si l'idée de commettre une erreur vous rend malade, commencez donc par faire une liste des avantages et inconvénients que chaque décision engendrerait. Cela pourra vous aider à relativiser, et à décider plus rapidement.

Deuxième frein : Le manque de confiance en soi

« *Croyez en vos rêves et ils se réaliseront peut-être. Croyez en vous et ils se réaliseront sûrement.* »
- Martin Luther King

La confiance en soi est une clé de la réussite et de l'épanouissement personnel. En effet, cela permet d'agir plus facilement et plus rapidement.

À l'inverse, le manque de confiance incite à l'inaction. Et l'inaction entretient le manque de confiance en soi. On rentre alors dans un véritable cercle vicieux.

Identifier la source

Si vous n'avez pas foi en vous, il est impératif de savoir pourquoi en identifiant les causes. Vous serez alors plus apte à mettre en place des solutions pour avancer.

Les causes du manque de confiance en soi sont nombreuses. Cependant, les plus fréquentes sont :

- La peur du regard de l'autre
- Le fait de se sentir incompris et mal aimé
- Un sentiment d'infériorité
- La peur de la critique

S'agissant des relations humaines, on peut discerner rapidement le manque de confiance en soi, laissant généralement paraître gêne ou timidité. Il est alors fréquent d'hésiter et tergiverser longtemps avant de prendre une décision ; cela peut même aller jusqu'à vous taire pour ne pas apporter la contradiction.

En quelque sorte, vous vous effacez !

Certaines phrases deviennent alors récurrentes, vous empêchant de passer à l'action, voire simplement de la planifier.

Exemples :

- « J'en suis incapable »
- « Je n'y arriverai jamais »
- « Je suis nul »

Penser positivement

Afin de reprendre confiance en vous, commencez par **changer vos pensées**. Autrement dit, remplacez vos pensées négatives par des pensées positives.

La positivité agit un peu comme un muscle. **Plus vous l'entraînez, plus elle se renforce.** En l'exerçant constamment, cela accroît votre capacité à changer rapidement vos pensées et votre état d'esprit. Au fur et à mesure, cela devient même une habitude inconsciente.

Une faible confiance en soi entretient des pensées négatives. C'est pour cette raison qu'il est important pour vous de les maîtriser à minima.

De ce fait, lorsqu'elles apparaissent, faites tout votre possible pour tenter de vous projeter positivement.

Pour rappel, ceci est un des principaux fondements de la 1ère loi karmique : la Loi de Cause à Effet.

Soyez gentil et généreux

Poser une action généreuse, aider, encourager les autres, libère dans notre corps de la sérotonine, l'hormone du plaisir et de la bonne humeur.

Faire preuve de gentillesse produit non seulement de la sérotonine, mais aussi des endorphines qui permettent même d'agir positivement sur les douleurs.

De cette manière vous agirez en accord avec la « **trinité spirituelle** » que nous avons abordée précédemment. Voilà qui vous permettra de vous sentir mieux et de regagner confiance en vous.

Pensez à vos succès passés

Pour augmenter votre assurance, il existe un exercice très simple consistant à faire la liste de vos succès passés.

À ce stade vous pensez sûrement : « *Oui, mais je n'ai jamais rien réussi dans ma vie* ».

Si c'est le cas, c'est le signe distinct d'un manque de confiance en soi. Bien sûr que vous avez réussi énormément de choses dans votre vie ! Vous n'en avez tout simplement pas conscience...

CHAPITRE 2 : LA LOI DE LA CRÉATION

Voyez-vous, lire ces lignes est déjà une victoire. Savez-vous combien de personnes dans le monde ne savent pas lire ? ni écrire d'ailleurs ?

Nous voyons souvent la « réussite », comme une chose grandiose, parfois inatteignable. Pourtant il y a bien d'autres choses plus simples qui mériteraient d'être célébrées. Comme le fait de :

- Pouvoir marcher, parler, lire ou écrire
- Réussir son permis de conduire
- Élever ses enfants seul
- Cumuler plusieurs emplois afin de subvenir aux besoins de sa famille
- Avoir des amis etc...

Nous pourrions allonger cette liste durant des heures, mais vous avez compris l'idée.

Vous êtes une personne formidable, et vous avez réussi une foule de choses dans votre vie, soyez-en certain.

La peur de l'échec

- « Je n'en suis pas capable »
- « Je ne réussirai pas »...

Les personnes doutant d'elles-mêmes et de leurs capacités invoquent souvent la peur de l'échec. Dès lors, elles s'enracinent dans un rapport fantasmé à la réalité.

Elles se créent une image personnelle idéalisée, et demeurent dans l'attente de la situation idéale pour agir.

Ce comportement incite inévitablement à la procrastination. De surcroit, cela peut entraîner un sentiment de culpabilité.

Sachez que l'inertie est nuisible dans le sens où elle entraîne une dégradation rapide de l'estime de soi.

Un échec ou un traumatisme passé, ainsi qu'une image de soi faussée, peuvent être à l'origine de cette peur.

Prenez conscience que la peur de l'échec est une chose culturelle. En France, l'échec est mal perçu, alors qu'aux États-Unis celui-ci a une autre valeur.

En effet, là-bas, **échouer c'est avoir essayé**. C'est une véritable leçon sur soi-même, qui peut être une source de motivation et de changements inattendus.

Cependant, pour minimiser la peur de l'échec, il est préférable de :

- Tirer un enseignement positif afin de pouvoir s'améliorer sur tous les plans
- Envisager tous les résultats possibles
- Avoir un plan B en cas d'échec
- Demander de l'aide
- Penser aux regrets que l'on pourrait avoir si on n'essaye pas
- Établir des objectifs atteignables

Les échecs sont des pas qui nous rapprochent toujours de la réussite. Votre regard sur les choses change tout. Pensez-y, échouer n'est pas grave en soi. C'est avant tout psychologique.

Le véritable échec est de ne pas oser.

Troisième frein : Le regard des autres

« *Si vous vivez votre vie selon le regard des autres, vous ne vivrez jamais votre propre vie.* »

Le regard des autres ou la peur du jugement nous empêchent de passer à l'action, ou de faire ce que l'on veut vraiment.

Beaucoup n'exploitent pas leur plein potentiel voulant juste, et à tout prix, se faire accepter. Ils changent leur comportement, façon de dire, d'agir, d'être... Autrement dit, ils ne se respectent pas afin de « paraître bien » aux yeux du monde.

Si vous voulez grandir et réaliser vos rêves, vous ne pouvez pas vous permettre de perdre du temps avec cela. Faites ce que vous avez à faire, et fichez-vous du reste.

La seule personne que vous devez écouter, c'est vous-même. Est-ce autrui qui :

- Paiera vos factures ?
- Réalisera vos rêves ?
- Prendra soin de votre famille ?

Il y a de fortes chances que ce ne soit pas le cas. Alors, pourquoi avoir peur de ce qu'ils penseront ? Votre vie vous appartient, et **vous en avez qu'une seule**. Faites-en sorte d'en tirer le maximum.

Agir et faire ce que vous désirez au plus profond de vous n'est pas toujours chose aisée ; ne rajoutez pas la peur du jugement entraver vos actions.

Malheureusement, il arrive que ce « regard » que porte autrui sur nous soit proche. Il s'agit peut-être de votre partenaire, vos amis, votre famille. Dans ce genre de situation, il faut savoir prendre des distances pour se reconnecter à soi.

Je ne dis pas que cela sera facile, mais il est certain que c'est indispensable.

Vous pourrez ainsi lever les freins, rendant alors possible l'accomplissement de ce qui vous tient à cœur.

L'histoire du billet de cent dollars

Cela se passe lors d'une conférence tenue par un célèbre auteur devant un auditoire de plusieurs milliers de participants. Cet homme veut faire comprendre à tous que rien n'arrive par hasard, et que chacun est maître de son destin. Après quelques paroles ayant déjà exacerbé la curiosité du public, il sort un billet de 100 dollars de sa poche et dit au public :

« Qui veut ce billet de 100 dollars ? ».

Près d'un tiers de la salle lève la main en criant : « Moi ! Moi ! »

Quelques secondes plus tard, le conférencier lance de nouveau : « Alors, qui veut ce billet ? »

Dès lors, quasiment toute la salle se met à hurler : « Moi !! Je suis là !! Oui moi !! »

Et le conférencier faisant mine de ne rien entendre, continue : « *Personne ne veut donc de ce billet ?* »

À ce moment-là, une femme au fond de la salle se lève et avance lentement vers l'estrade où se trouve le conférencier. Tous les regards se tournent vers elle. La cohue générale fait place à des chuchotements discrets : « *Qu'est-ce qu'elle fait ? Quel culot ! Elle va se faire rejeter ! Elle fait vraiment n'importe quoi* ».

Arrivée à hauteur du conférencier, la personne s'arrête, tend la main et dit : « *Je suis là, car je veux bien de ce billet… s'il vous plaît* ».

Le conférencier lui donne alors le billet.

Tout le monde est sidéré !

La femme va se rasseoir avec le sourire, mais toujours sous les chuchotements discrets des autres participants.

C'est à ce moment que le conférencier reprend la parole :

« *Avant tout, merci Madame !*

Vous voyez, dans la vie, c'est la même chose. Si vous n'osez pas bouger par peur de ce que l'on dira de vous, et que vous restez sur place à simplement dire « je veux », soyez certain que rien n'arrivera.

Vouloir est une chose, agir en est un autre.

Ce soir, cette dame s'endormira avec le sourire en étant plus riche de 100 dollars, tandis que les autres se coucheront avec l'amertume de ne pas avoir osé. »

La peur s'atténue en allant à sa rencontre

Ne vous laissez pas contrôler par la peur de passer à l'action. Acceptez qu'elle soit présente, et faites-en sorte de la vaincre.

Et pour ce faire, la solution la plus efficace reste la suivante : **le passage à l'action.**

Et oui, il est important de soigner le mal par le mal. Vous constaterez que l'action donne au fur et à mesure confiance et assurance. Les résultats sont toujours bénéfiques quand on a le courage de sortir de sa zone de confort.

Mesurez vos risques, et commencez petit si nécessaire. Ensuite, laissez la magie de l'action opérer.

CHAPITRE 2 : LA LOI DE LA CRÉATION

« Dans 20 ans, vous serez plus déçu par les choses que vous n'aurez pas faites que par celles que vous aurez faites. Explorez, rêvez, découvrez. »

MARK TWAIN

Chapitre 3
La Loi de l'Humilité

« *L'humilité est la base de toute grandeur.* »

Le principe de la **Loi de l'Humilité** est simple : ce que vous refusez d'accepter, continuera de vous rattraper.

Cette loi vous invite à prendre conscience de vos propres forces et faiblesses, et à vous aimer tel que vous êtes. Elle vous engage aussi à faire preuve d'acceptation, en valorisant les personnes pour ce qu'elles sont à l'intérieur, et non pour ce qu'elles possèdent à l'extérieur.

Qu'est-ce que l'humilité ?

Chacun devrait avoir un regard humble sur soi, et prendre conscience de ses propres limites, sans les amoindrir, ni les exagérer.

Cinq principaux facteurs caractérisent l'humilité :

1. Une identité bien assumée
2. Une juste évaluation des forces et faiblesses de chacun (y compris des siennes)
3. Une ouverture d'esprit sur soi-même et le monde
4. Une valorisation des autres plutôt que soi-même, sans pour autant s'oublier
5. La conviction que les autres sont aussi méritants que soi.

L'humilité n'est pas une faiblesse

L'humilité est trop souvent assimilée à une faiblesse. Il s'agit déjà de se défaire de cette conception erronée.

Être humble ne signifie pas :

- Manquer d'ambition

- Déprécier ses capacités
- Avoir une faible estime de soi

Au contraire, cela implique :

- D'accepter tous types de différences avec autrui (sociales, culturelles, religieuses, raciales etc...)
- De s'aimer sans chercher à se survaloriser, ni à se déprécier

Une vertu indispensable

Pour le philosophe Emmanuel Kant, l'humilité est une des principales vertus de la vie, permettant à chacun de construire sa moralité.

D'ailleurs, on associe parfois l'humilité à l'altruisme, c'est-à-dire, le fait d'aider ses semblables de façon désintéressée, sans rien attendre en retour.

Pour autant, on ne peut pas réduire l'humilité à ce seul comportement. **L'humilité est un bien-être intérieur, une attitude, une façon de penser et de ressentir les choses.**

Mais il faut l'avouer, nombreux sont ceux qui privilégient d'autres aspects, généralement plus valorisés dans nos sociétés modernes : l'individualisme, le matérialisme, la compétition, le consommable, voire le jetable.

Ces dimensions cachent un trait d'égoïsme qui s'oppose bien évidemment à l'humilité. Cette dernière est, et sera toujours, une vertu importante dans la plupart des traditions spirituelles.

L'humilité à travers l'acceptation

Dans la vie, nous affrontons souvent des épreuves qui n'étaient ni voulues, ni attendues. **Cela affecte notre vibration, et de ce fait, notre bien-être émotionnel.** Et pour que ce dernier ne soit pas gravement altéré, il est important de faire preuve d'humilité en acceptant ses épreuves.

Accepter ce que vous ne pouvez pas changer est vital pour aller de l'avant.

Qui n'a pas désiré à un moment donné que sa vie soit différente ?

Lutter contre une réalité immuable est une perte d'énergie inutile, et nocive. C'est seulement après avoir accepté les choses que vous pourrez réellement lâcher prise, tourner la page et créer un meilleur Karma.

Accepter ne veut pas dire se résigner

Il existe cependant une différence entre la résignation et l'acceptation :

- **L'acceptation, signifie la tolérance d'une situation.**

C'est prendre conscience que la vie peut être parfois difficile, que tout ne peut pas être comme on le désire, mais savoir rester dans l'action malgré tout.

Accepter c'est abandonner une lutte contre quelque chose d'insoluble, tout en cherchant d'autres chemins qui vous permettront de vivre comme vous le souhaitez.

Dans la vie, il y a les choses que vous êtes en mesure de changer, et celles que vous ne pouvez pas contrôler. Ne perdez donc pas votre temps et votre énergie sur ce qui est hors de votre contrôle.

Cela se caractérise par des pensées comme :

« C'est comme ça, et je ne peux rien y faire. J'évite cette situation, ou je fais avec, en poursuivant ma route pour atteindre mes objectifs ».

- **La résignation se produit lorsque nous ne pouvons pas tolérer une situation.**

Quand les choses ne sont pas comme nous le désirons, nous nous renfermons sur nous-mêmes. Les émotions négatives font alors leur apparition, nous baissons les bras en pensant alors qu'il est impossible d'aller de l'avant.

Cette attitude destructrice renforce un manque de confiance (envers soi et l'Univers), vous plonge dans l'inaction et la stagnation.

Cela se caractérise par des pensées comme :

« Je ne peux rien faire pour changer ma vie, je suis malheureux et je le serai toujours ».

Ces plaintes et cette victimisation abaissent votre vibration, et font disparaître l'espoir d'un meilleur avenir karmique.

En faisant cela, vous ne vous ouvrez pas à de nouvelles possibilités, et vous vous conformez à une vie qui pourtant vous déplaît.

Acceptez que les choses ne puissent pas toujours aller dans votre sens, mais **ne vous résignez pas**.

Votre futur est entre vos mains

Soyez tolérant avec vous-même.

Pardonnez-vous vos erreurs et faiblesses. Acceptez-les. Jusque-là, vous avez sûrement fait de votre mieux ou comme vous pouviez, et c'est tout ce qui compte, peu importe les résultats obtenus. **Vous êtes ce que vous êtes, et tout est parfait dans votre cheminement.**

Soyez également tolérant avec autrui.

Il est plus difficile d'être tolérant avec autrui qu'avec soi-même. C'est là que l'on prend conscience que l'humilité est une vraie démarche spirituelle. Vous n'êtes meilleur que personne, et personne n'est meilleur que vous. Chacun à son parcours, ses rêves, ses problèmes. Il est important d'être ouvert à la différence sans porter de jugement.

Lorsque vous êtes tenté de juger une personne, dites-vous que vous n'êtes pas elle, ni dans sa tête. Et si vous aviez été exactement à sa place, peut-être auriez-vous fait la même chose. Il n'y a pas d'âme qui vaille mieux qu'une autre. Chacune est là pour cheminer, et la graine qui a commencé à germer chez l'une, est peut-être encore en terre chez l'autre. Elle finira par pousser elle aussi quand ce sera le moment.

Acceptez que **tous évoluent <u>différemment</u>** et pas au même rythme.

Rien à perdre, rien à gagner

Une personne humble n'a rien à gagner ni à perdre.

Si on la complimente, elle considère que c'est pour ce qu'elle fait, non pour ce qu'elle est. Son égo est mis de côté.

Elle prend la critique de manière constructive, et comme un moyen de travailler sur ses défauts.

« *Peu de gens sont assez sages pour préférer le blâme qui leur est utile, à la louange qui les trahit* », disait La Rochefoucauld.

L'humilité favorise la force de caractère. La personne humble ne s'inquiète ni de son image, ni du qu'en dira-t-on. Elle a une propension à prendre ses décisions avec justesse et s'y tient.

L'humilité du Dalaï-Lama

Nombre de personnes ont constaté en observant sa Sainteté le Dalaï-lama, la grande humilité dont fait preuve cet homme, pourtant si vénéré dans le monde entier.

Le Dalaï-lama, toujours sensible aux gens de modeste condition, ne se positionne jamais en personne importante. On peut rappeler l'anecdote où sur le perron de l'Élysée, après avoir été raccompagné par le président Mitterrand, le Dalaï-lama est allé remercier la garde républicaine avant de partir, sous les regards médusés.

Il n'y a pas d'humilité sans altruisme.

L'humble est en général plus naturellement attentif aux autres et à leur bien-être. Un lien entre humilité et faculté de pardonner a aussi été mis en évidence selon des études de psychologie.

À l'inverse, ceux qui se surestiment, ont tendance à une agressivité supérieure à la moyenne, et jugent plus durement autrui.

Cultiver l'humilité

Pour beaucoup d'entre nous, **l'humilité est l'un des traits les plus difficiles à développer**, car elle exige également une acceptation de soi, que beaucoup d'entre nous trouvent difficile. Voici donc quelques pistes qui pourraient vous aider.

1- *Écoutez pour comprendre et non pour répondre*

Un des principaux piliers de l'humilité est la valorisation de l'autre. Prendre le temps d'écouter, saisir les douleurs et sentiments d'autrui est un moyen très puissant de comprendre cela.

Il est important de se rappeler que vous n'essayez pas de résoudre leurs problèmes, ni d'y répondre :

contentez-vous simplement de les laisser s'exprimer en prêtant une oreille attentive.

La plupart écoute pour répondre, alors qu'il faudrait plutôt écouter pour comprendre.

2- *Pratiquer la pleine conscience*

De nos jours, la pleine conscience semble être l'antidote à beaucoup de nos maux intérieurs. Elle consiste principalement à accepter ce qui est, plutôt que de juger et commenter.

Selon les scientifiques, les personnes humbles ont une image précise d'elles-mêmes - à la fois de leurs défauts et de leurs qualités - ce qui les aide à voir ce qui doit changer en elles.

La pleine conscience augmente également notre attention. On peut alors se dire, comme en état de méditation par exemple : observons les pensées qui nous traversent sans forcément les juger.

Plus nous prenons conscience de notre vie intérieure, plus il est facile de distinguer nos croyances limitantes.

Une fois que nous avons accepté ce qui doit changer, nous pouvons alors entamer le processus de transformation.

J'aime ce dicton qui dit :

« *Si vous êtes dans une pièce sombre, ne frappez pas l'obscurité avec un bâton. Allumez plutôt la lumière* ».

En d'autres termes, il suffit de remplacer doucement et patiemment une pensée ou une action négative, par une pensée ou une action positive et, avec le temps, nous pouvons même ne plus reconnaître la personne que nous étions auparavant.

3- Embrassez votre humanité

Pour beaucoup, lorsque nous échouons dans un domaine important pour nous - un travail ou une relation par exemple - notre estime de soi s'effondre parce que nous avons lié notre valeur personnelle à cet échec. Tout d'un coup, nous nous voyons comme des personnes médiocres ou indignes, et le chemin vers la guérison peut être long.

C'est moins le cas pour les personnes humbles, davantage dans l'acceptation.

L'expérience de l'acceptation et de l'amour inconditionnels, peut servir de tampon contre les effets de la critique ou de l'échec.

4- *Exprimer de la gratitude*

Dire « *Merci* » signifie que nous reconnaissons les cadeaux qui entrent dans notre vie. Cela nous rend aussi plus apte à reconnaitre la valeur d'autrui. Très simplement, la gratitude peut nous rendre moins égocentriques et plus attentifs à ce qui nous entoure.

En effet, une étude récente a montré que la gratitude et l'humilité se renforcent mutuellement. En résumé, l'expression de la gratitude peut nous rendre humbles, et les personnes humbles ont une plus grande capacité à exprimer leur gratitude.

Beaucoup attendent que de grandes choses arrivent avant d'être reconnaissants, et en négligeant souvent ce qui est déjà là. C'est sans doute ici notre plus grand tort.

> « Soyez humble, croyez en vous-même, et ayez l'amour du monde dans votre coeur. »
>
> MICHAEL JACKSON

Chapitre 4
La Loi de la Croissance

« *Trouvez ce dont une personne a le plus peur, et vous saurez de quoi sera faite sa prochaine étape de croissance.* »

Pour nous développer personnellement et spirituellement, il s'agit d'opérer un changement sur soi, et non pas sur les personnes ou les choses qui nous entourent. Nous n'avons le contrôle que sur nous-mêmes. C'est en changeant notre intériorité que notre vie changera. C'est ce principe que nous enseigne la **Loi de la Croissance.**

Une seule chose peut définir notre croissance : **nos croyances.**

Une partie intégrante de votre être

Vous avez tous, sans exception, un système de croyances.

Ce dernier est inscrit dans votre structure même, dans votre ADN si l'on peut dire. Il fait donc partie intégrante de vous et il est très important de comprendre cela.

« Mais qu'est-ce que cela veut dire ? »

Cela signifie que depuis la nuit des temps, l'être humain a évolué à travers son système de croyances.

Avant Galilée on pensait que la Terre était plate... C'est seulement bien après, que nous avons remis les choses en question.

Les pionniers du monde entier ont permis de faire évoluer notre système de croyances, par rapport à :

- L'univers
- La nature
- L'être humain
- La science, et bien d'autres domaines...

Vos croyances vous conditionnent

Une croyance conditionne toujours ce que vous allez obtenir dans un domaine spécifique.

- Votre système de croyances va vous permettre d'avoir ou pas, ce que vous voulez dans votre vie.
- Votre système de croyances va vous permettre d'être ou ne pas être, ce que vous souhaitez dans votre vie.

En résumé, tout ce que vous possédez, êtes et allez devenir, dépend inévitablement de votre système de croyances.

L'importance des croyances

Vous l'aurez compris, vos croyances influencent votre Karma, mais aussi tous les aspects de votre vie.

- Elles engendrent la qualité de ce que vous avez, et ce, dans tous les domaines (amour, reconnaissance, sécurité, richesse etc.).
- Elles affectent vos choix et actions, vous faisant parfois hésiter ou douter de vous-même.
- Elles contrôlent votre façon de penser.

- Elles déterminent votre pouvoir de combler ou non, vos besoins et désirs.

- Elles définissent la possible réalisation de vos rêves, et votre capacité d'atteindre le bonheur.

En fait, vos croyances ne sont pas uniquement des pensées que votre esprit possède, mais bien des pensées qui possèdent votre esprit.

Si quelqu'un est persuadé qu'il est inconcevable d'être vraiment heureux dans la vie, vous aurez très peu de chance de le convaincre du contraire.

D'ailleurs, si nous n'avions aucune croyance limitante sur le bonheur, nous serions tous heureux.

Votre croissance intervient avant tout à travers vos croyances.

Croyance positive, influence positive

L'influence positive des croyances n'est plus à prouver. L'explorateur Bernard Voyer disait ceci :

« *C'est à travers ses propres défis que l'homme grandit.* »

Après avoir parcouru les deux pôles (Nord et Sud) à skis de fond, quel autre type de défi pourrait satisfaire ce grand explorateur ? La réponse fût étonnante : gravir les sept plus hauts sommets du monde !

En plusieurs années, Bernard Voyer a escaladé le Kilimandjaro en Tanzanie, le mont Elbrous en Russie, le Carstensz en Indonésie, le Vinson en Antarctique. Il a aussi gravi le mont Aconcagua en Argentine, le McKinley en Alaska, et enfin, l'Everest au Népal.

Mais n'atteint pas le sommet de l'Everest qui veut ! Après une vaine tentative en raison des conditions météorologiques, Bernard Voyer promet à son coéquipier de retenter leur chance 18 mois plus tard.

C'est ainsi qu'a commencé l'une des plus grandes expéditions de sa vie.

Une aventure de cette ampleur prend des mois de préparation, voire des années. Une fois commencée, elle consiste essentiellement en de longues semaines d'acclimatation : s'acheminer du camp de base au camp 1, puis redescendre ; recommencer, se rendre un peu plus loin, puis redescendre à nouveau.

Il lui fallait poursuivre ainsi jusqu'au moment où, enfin, la montée finale pouvait être envisagée.

« *J'y suis arrivé car je pensais simplement que je pouvais le faire.* »

Ses convictions lui ont donc permis d'être le premier à escalader les plus hauts sommets du monde.

Vos croyances peuvent bloquer et saboter toutes vos tentatives d'avoir une vie meilleure, vous figeant les pieds dans le ciment ; mais elles peuvent aussi vous conduire vers les plus hauts sommets (au sens propre comme au figuré).

Une pensée que l'on considère comme la vérité

Pour résumer cette partie, une croyance est **une pensée – donc une représentation mentale – que vous considérez comme étant la vérité**.

Il y a sans doute dans votre vie, des choses auxquelles vous avez cru à un instant, et plus la seconde d'après.

« Quand j'étais petit, je croyais au père Noël. »

Cette phrase est la preuve que vous pouvez croire profondément à quelque chose – à un moment donné – pour ensuite la reconsidérer.

Les différents types de croyances

"La remise en question est souvent difficile. On préfère en vouloir au monde entier plutôt que de regarder à l'intérieur de nous-mêmes."

Une croyance, en soi, est comme une habitude : ce n'est ni bon ni mauvais.

C'est le résultat de cette croyance, ou de cette habitude, qui est bon ou mauvais. Et **c'est votre ressenti qui vous indiquera cela.**

Une croyance à un côté pratique dans le sens où elle vous conditionne, vous évitant de réfléchir des heures à comment réagir à un événement ; cela devient un automatisme. En quelques secondes, c'est fait. Sujet suivant.

Toutes les croyances ne prêtent pas à conséquence. Cela dépendra bien entendu de leur type.

Les croyances neutres

Les croyances neutres n'induisent pas réellement d'émotions. Elles correspondent souvent à de simples avis personnels.

Par exemple :

- « *Je crois qu'il existe de la vie autre part dans l'univers.* »
- « *Je crois que tous les chats perdent leurs poils.* »

Ce type de croyance ne devrait pas grandement impacter votre vie ou votre évolution karmique. Elle aura peu d'influence sur votre avenir.

Les croyances ressources

Les croyances ressources sont le plus souvent des alliées, des aides impactant notre vie positivement. Elles nous soutiennent lorsque nous sommes en difficulté, et nous permettent souvent d'avancer dans les pires moments. Ce type de croyance vous portera, vous motivera, vous fera vous dépasser, déceler les opportunités, éprouver de la gratitude, être heureux etc...

Par exemple :

- « Je crois qu'à chaque fois que je traverse une grande difficulté, je réussirai toujours à m'en sortir. »
- « J'ai tous les atouts pour y arriver. »

Vous l'aurez compris, les croyances ressources vous aident grandement. Ce sont elles qui vous pousseront vers un meilleur avenir karmique.

Attention, il convient de nuancer ce propos car toutes les croyances ressources n'induisent pas nécessairement des conséquences à priori positives.

Dans certains cas, une croyance ressource peut avoir l'effet pervers de se retourner contre vous dans un premier temps.

Par exemple :

- « Tout le monde est gentil »
- « Je peux faire confiance à n'importe qui » etc...

Dans ce cas-là, il se peut que je me retrouve face à certaines difficultés. Mais en tirant les bonnes leçons de ce qui vous arrive, vous en retirez forcément un bénéfice, améliorant par la même occasion votre Karma. En faisant confiance à tout le monde, je m'expose à la déception, mais cela m'apprend à être plus sélectif sur les personnes dont je m'entoure par exemple.

Les croyances limitantes

À l'inverse d'une croyance ressource, une croyance limitante :

- Vous tire vers le bas
- Met en avant le négatif
- Vous aveugle avec les problèmes alentours
- Masque les opportunités

Les croyances limitantes sont toutes nourries par des émotions. Bien souvent, les traumatismes vécus engendrent des croyances. Nous en avons sur tous types de sujets : la politique, la religion, la société, le sexe, la vie etc.

Cela dit, les croyances les plus importantes sont celles que nous avons sur nous-même.

Par exemple :

- « Il est difficile de refaire sa vie après 50 ans »
- « Je n'ai jamais de chance, cela ne sert à rien que j'essaye » ...

Ces croyances modifient votre perception et s'avèrent particulièrement préjudiciables à votre équilibre et évolution.

D'où viennent vos croyances ?

"Changez vos croyances, changez votre vie."

Vos croyances ne vous appartiennent pas

Parfois on ne s'en rend pas compte, mais notre système de croyances nous a été transmis.

80% des croyances qui sont les vôtres ne vous appartiennent pas. Ce qui veut dire que 80% de ce que vous croyez être VRAI vous a été transmis par :

- La société
- Vos parents
- Vos éducateurs
- Vos amis
- La culture
- Les médias...

On s'aperçoit alors que l'on a souvent tendance à vouloir écouter la masse.

Cependant certains conditionnements peuvent être dangereux. Il s'agit de phrases comme « *J'ai toujours fait comme ça* », « *Cela ne sert à rien* » ou « *J'en suis incapable* » ... Cela limite notre liberté d'action, de pensée, et donc, in fine, notre croissance.

Le conditionnement et les éléphants

Avez-vous déjà vu ces éléphants attachés par une chaîne à un minuscule piquet dans le sol.

Avec leur force colossale, une seule traction suffirait à les libérer. Pourtant ils ne le font pas. À votre avis pour quelle raison ?

Déjà petits, la même chaine les rattachait à un poteau, mais ils étaient trop faibles pour s'en défaire. En vieillissant, malgré leur force, ils ont renoncé. Pourquoi ? Car s'est gravée en eux l'incapacité de se libérer.

Vous aussi, vous croyez que beaucoup de choses sont impossibles à réaliser, car à un moment de votre vie, vous n'avez pas réussi à les faire. Ou peut-être, est-ce parce que quelqu'un vous a dit de ne même pas prendre la peine d'essayer.

Réfléchissez-y un moment, et remettez en cause votre supposée incapacité transmise il y a plusieurs années par vos parents, amis, professeurs etc...

Bannissez dès aujourd'hui le mot « *impossible* » de votre langage et tentez **d'agir** pour vous en libérer.

Le conditionnement et les puces

Une expérience intéressante a été réalisée sur des puces enfermées dans un bocal. Au départ, elles sautaient le plus haut possible pour en sortir, mais heurtaient violemment le couvercle. Un peu plus tard, elles se sont mises à sauter plus bas pour ne plus le toucher et se faire mal.

Quel constat selon vous a été fait après le retrait du couvercle ? Les puces ne sont pas sorties, ne dépassant plus jamais la hauteur critique.

<u>Pourquoi ?</u>

Ayant enregistré qu'il était impossible de sortir, elles se sont résignées, renonçant ainsi à leur liberté. Le plus extraordinaire est qu'en se reproduisant, leur progéniture suivra automatiquement leur exemple.

Combien d'entre nous faisons de même en ne prenant plus aucun risque ? Tout cela, parce que à un moment donné de notre existence, nous avons été blessés, formatés ou dressés.

Le pire serait de transmettre nos peurs, nos croyances limitantes à notre entourage ou descendance.

C'est pourquoi **vous devez sans cesse essayer de dépasser vos limites**. Allez toujours plus loin afin de changer votre cycle karmique et réaliser vos rêves.

Et même si vous rencontrez des obstacles sur votre chemin, la seule façon d'être libre – et de sortir du « *bocal* » – reste tout de même d'essayer.

Dépassez vos peurs et vos croyances. N'oubliez pas que vous êtes une personne extraordinaire, un véritable miracle de la vie.

Agissez et vivez comme tel.

Les trois types de conditionnement

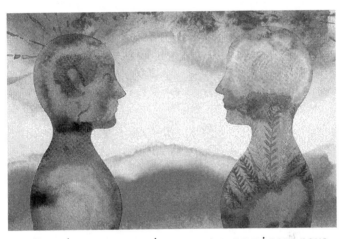

« Quand nous savons vivre sans, pourquoi nous nous donnons autant de mal pour avoir. Cela s'appelle le conditionnement. » – Patrick Louis Richard

Vous l'aurez compris, nous avons tous été conditionnés – d'une manière ou d'une autre – à penser et agir depuis notre plus tendre enfance.

Le conditionnement verbal

Si l'on vous a répété depuis tout petit que :

- « L'argent ne pousse pas dans les arbres. »
- « La vie est difficile. »
- « Tu ne pourras pas le faire. »
- « C'est trop compliqué pour toi. »
- « Ne fais confiance à personne. »
- « Les hommes/les femmes sont tous/toutes les mêmes »

Dans ce cas, il est fort probable que certaines de vos actions et/ou de vos choix aient été orientés par ces croyances-là.

Si votre entourage vous a conditionné à vous voir, ou à percevoir ce qui vous entoure d'un point de vue négatif, comment pouvez-vous prétendre accéder à un meilleur avenir karmique ?

Le conditionnement par l'exemple

Nous apprenons beaucoup par l'exemple, et dans tous les domaines. Comme beaucoup, nous avons tendance à agir comme nous avons vu agir nos parents.

Comment agissaient vos parents ?

Le premier conditionnement de votre existence vous est transmis par vos parents. Il est donc important d'essayer de se souvenir de quelle manière ils se comportaient :

- Étaient-ils démonstratifs ? Ou renfermés ?
- Étaient-ils économes ? Ou dépensiers ?
- Encourageaient-ils leurs proches à agir ? Ou conseillaient-ils de ne pas le faire ?
- Donnaient-ils de l'importance au jugement des autres ? Ou agissaient-ils en faisant fi de l'opinion d'autrui ?
- Étaient-ils heureux ensemble ? Ou se disputaient-ils souvent ?

Qu'importe votre façon d'être ou de faire, celle-ci a sans doute un lien direct avec votre enfance et la manière dont vous avez été formaté.

En 2015, une expérience surprenante a été menée dans le cadre de l'émission Brain Games par le National Geographic Channel.

Dans une salle d'attente, une jeune femme a été piégée avec la complicité de quelques acteurs. Ces derniers se levaient lorsqu'un « bip » retentissait. La femme, au départ surprise par leur comportement, a très vite fini par se conformer aux actions du groupe, en se levant elle aussi.

Le plus étonnant est qu'elle le faisait sans savoir pourquoi.

Les nouvelles personnes, arrivant sans être au courant de l'histoire, ont elles aussi fini par se calquer sur ce comportement. N'en croyant pas leurs yeux, les équipes de l'émission ont décidé de laisser les caméras tourner. Quand on a demandé à la jeune femme d'expliquer pourquoi elle se levait à chaque sonnerie, elle a répondu : « *tout le monde le faisait, alors j'ai pensé que c'était ce qu'il fallait faire* ».

Le conditionnement par l'expérience

Une autre cause de conditionnement peut être liée aux expériences vécues.

Rappelez-vous de l'histoire de l'éléphant ou des puces vue précédemment. Ce sont simplement leurs expériences qui les ont formatés.

L'être humain réagit de même. S'il subit plusieurs fois le même échec, **il va commencer par se conditionner** en se disant qu'il est tout simplement _impossible_ pour lui de réussir.

Si vous avez été conditionné par vos expériences, alors vous pouvez vous surprendre à penser ou dire des choses telles que :

- « Je n'ai jamais eu de chance en amour. »
- « J'ai déjà essayé, c'est impossible. »
- « C'est trop compliqué pour moi. »

N'oubliez pas que les batailles de la vie ne sont pas gagnées par les plus forts, ni par les plus rapides, mais par ceux qui n'abandonnent jamais.

Dressez en conscience votre liste de croyances limitantes

Vous devez réaliser que ce que vous croyez ne reflète pas forcément la vérité.

Il n'est pas facile de se débarrasser de croyances qui remontent souvent à l'enfance, cela peut prendre du temps mais ne lâchez rien. En devenant conscient de leur pouvoir, vous apprenez à les gérer, en utilisant des stratégies pour les empêcher de nuire. Se faisant, vous ferez évoluer positivement votre Karma.

On peut classer les croyances limitantes en trois catégories :

- L'impuissance (je n'en suis pas capable)
- L'absence de valeur (je ne le mérite pas)
- Le désespoir (cela ne changera rien)

Si les phrases types énoncées plus haut vous sont familières, c'est qu'il est temps d'entamer un travail !

Faites la liste des croyances que vous pensez avoir. Notez tout ce qui vient, puis classez-les en deux colonnes : Croyances aidantes / Croyances limitantes.

Pour chacune des croyances limitantes que vous aurez notées – au moins pour celles qui vous gâchent le plus l'existence – posez-vous les questions suivantes :

- Où a-t-elle pris sa source ?

- Quel est son facteur déclencheur ?
- Est-ce une personne, une action ou un lieu qui active ce blocage mental ?
- En quoi cette croyance m'a-t-elle déjà freiné auparavant ?
- Comment serait ma vie sans cette croyance ?
- Qu'est-ce que cela va me coûter si je continue à l'entretenir ?
- Quelles raisons vous font penser que vous n'y arrivez pas ?
- Existe-t-il dans le monde, des personnes dans la même situation que moi, qui ont réussi là où je bloque ?

Cette auto-analyse va vous permettre de mieux délimiter quelle est la source de vos frustrations. Celles qui empêchent votre évolution personnelle et spirituelle.

Vous pouvez également choisir un domaine de votre vie que vous souhaitez changer, et faire la liste de vos croyances limitantes sur le sujet.

Le plus important est de réaliser que vous êtes face à 2 choix :

- Vous positionner en victime.
- Prendre votre destin en main.

Tout commence par une prise de conscience, puis une décision à prendre, peut-être la plus importante de votre vie.

Lorsque vous aurez choisi de ne plus être « victime », prenez un engagement vis-à-vis de vous-même, car personne ne peut le faire à votre place. Vous êtes désormais un adulte, ne laissez personne d'autre que vous-même avoir le pouvoir sur votre vie.

L'autosuggestion ou la pratique de la pensée positive

Commencez par analyser toutes les idées qui vous parasitent et polluent votre esprit... Toujours en conscience !

Essayez de repérer les pensées négatives liées à vos croyances, et chaque fois affirmez l'inverse, dans votre tête ou même à voix haute si vous êtes seul.

Prenez un papier, un stylo et notez les pensées négatives qui reviennent le plus souvent vous gâcher la vie. Reprogrammez-vous en remplaçant les idées limitantes par des réflexions dynamisantes.

Par exemple si vous pensez :

- « *Je n'y arriverai jamais* » remplacez aussitôt par « *je suis capable de grandes choses* »

- « *Je n'aime pas ma silhouette* » par ce que vous aimez chez vous : « *j'aime mon style, mes yeux, ma bouche, ma personnalité etc.* »

- « *Je ne trouverai jamais de travail dans le contexte actuel* » par « *quelque part, il y a un job qui est fait pour moi, je vais le trouver* ».

- « *Je ne m'aime pas* » par « *Je m'aime comme je suis, j'ai de plus en plus confiance en moi, et j'aime la personne que je deviens* ».

- « *Je n'ai rien pour réussir* » par « *Je peux réussir en partant de zéro, à l'image des histoires où des personnes parties de rien, ont eu des vies incroyables !* »

Bien évidemment ce sont des exemples, ils ne sont pas forcément à prendre à la lettre vous l'aurez compris, l'important est de les personnaliser en fonction de vous.

Même si vous n'y croyez pas, le but est de laisser à votre subconscient le temps d'intégrer ces nouvelles données.

Cette méthode sera d'une aide précieuse pour combattre vos croyances limitantes, mais il faut la pratiquer quotidiennement, jusqu'à ce que cela devienne un réflexe.

Au début vous pouvez prendre cet exercice comme un jeu : détecter le négatif qui sort de votre bouche, pour rectifier immédiatement avec l'affirmation positive de votre choix.

<u>Attention</u> : vous ne changerez pas du jour au lendemain, il faut de la détermination pour débuter, de la régularité pour pratiquer quotidiennement, et un peu de patience pour récolter les fruits de cette reprogrammation, en attirant à vous un meilleur avenir karmique.

« Le changement et la croissance ont lieu lorsqu'une personne a pris des risques avec elle-même et ose considérer sa vie comme un champ d'expérience. »
- Herbet Otto

Chapitre 5
La Loi de la Responsabilité

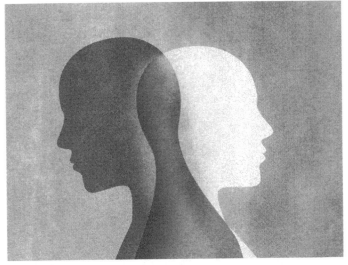

« *Le destin n'est pas une question de chance. C'est une question de choix.* » - William Jennings Bryan

Il vous est certainement déjà arrivé de ne pas être satisfait de ce que vous vivez.

Dans ces moments-là, voulez-vous savoir ce que fait la majorité des gens ?

En général, ils pestent haut et fort contre leurs problèmes.

Pourquoi ? Car nous avons pris la mauvaise habitude de faire porter aux autres et aux événements, la responsabilité de ce que nous n'aimons pas dans notre vie. C'est presque devenu une maladie culturelle. Nous blâmons notre partenaire, nos parents, nos amis, notre patron, nos collègues, nos clients, le gouvernement, les médias, le temps, l'économie, notre signe astrologique, notre manque d'argent, et parfois même nos gènes.

Cependant, la **Loi de la Responsabilité** nous apprend en réalité qu'une seule personne est à l'origine de la qualité de l'existence que vous menez.

Et cette personne, **c'est vous**.

Cela est encore plus vrai si vous avez l'impression que rien ne fonctionne comme vous le voudriez, et que les problèmes s'enchaînent les uns derrière les autres.

Peut-être avez-vous déjà eu cette impression où tout allait mal dans votre vie ? Que tout était compliqué ? Qu'il était difficile d'avancer ?

Si c'est votre cas, il est important de bien comprendre les principes et concepts que nous allons aborder, afin de changer positivement votre vie et votre Karma.

Arrêtez de chercher ailleurs

Cela n'est peut-être pas facile à entendre, mais cessez de chercher ailleurs les raisons de vos frustrations, problèmes et insatisfactions. Vous avez créé la vie dans laquelle vous vivez aujourd'hui. Vous êtes l'unique auteur de ce résultat.

Vous et personne d'autre !

Certains diront sans doute : « *Ce n'est pas vrai car si je souffre aujourd'hui c'est à cause de ...* ».

Non. C'est totalement faux. Il est temps d'arrêter de trouver des excuses.

Si vous souffrez aujourd'hui, c'est uniquement à cause de vous, au travers de vos pensées, émotions et actions.

Vous pouvez toujours accuser autrui, mais si par exemple vous vous sentez régulièrement victime de gens qui vont trop loin avec vous, prenez le signe et la leçon qui va souvent avec. Et sachez que personne ne vous blesse sans votre consentement.

Inconsciemment ou non, vous avez laissé des gens vous nuire, et quand le schéma se répète, posez-vous les bonnes questions.

Pour obtenir ce qui importe le plus à vos yeux, et vivre enfin la vie que vous désirez, vous devez assumer la pleine et entière responsabilité de votre vie. Nous ne parlons pas ici de le faire à moitié, mais bien à cent pour cent. Rien de moins ne fera l'affaire.

Les funérailles

Un matin, les employés d'une entreprise revenant de leur pause, trouvent un panneau sur la porte d'entrée, sur lequel est écrit : « *La personne qui a empêché votre avancement dans cette entreprise est décédée hier. Nous vous invitons à vous présenter aux funérailles demain.* »

La désolation fait rapidement place à la curiosité.

Le lendemain, les employés arrivent un par un aux funérailles. Une seule question occupe les esprits :

« *Qui est donc cette personne qui entravait mes progrès ? ... Eh bien, au moins, elle n'est plus là !* »

Les employés se rapprochent du cercueil, regardent l'intérieur, et s'en éloignent, sans voix. Tous sont en état de choc. La partie la plus intime et profonde de leur âme venait d'être touchée.

En réalité, seul un miroir était à l'intérieur du cercueil. Chaque personne amenée à regarder à l'intérieur se heurtait à son propre reflet. Un message accroché au cercueil indiquait : « *Il n'y a qu'une seule personne capable de fixer des limites à votre développement : c'est VOUS. »*

Le locus de contrôle

Le « locus de contrôle » est un concept de psychologie établi au milieu du XXème siècle par l'américain Julian ROTTER. Il permet de déterminer la capacité de réussite future d'un individu, et est directement lié à la responsabilité.

Il existe deux types de locus de contrôle :

1. Le locus de contrôle interne signifie que vous considérez que ce qui arrive dans votre vie est directement lié à vos actions.
2. Le locus de contrôle externe signifie que vous considérez que les facteurs externes influencent votre vie.

Un outil qui permet de recruter les meilleurs candidats

Savez-vous que ce concept fait partie du panel des outils d'évaluation de nombreux recruteurs ?

Il permet de décrypter en cours d'entretien, la tendance du candidat à s'attribuer la causalité de ce qui lui arrive, ou au contraire à s'en décharger.

Dans les grandes entreprises, on appréciera un commercial ayant un locus de contrôle interne. Pourquoi ? Car cela est souvent un bon indicateur de remise en question et de prise d'initiatives, donc par extension de réussite professionnelle. D'ailleurs, la grande majorité des personnes à succès possède un locus de contrôle interne.

Un commercial avec un locus de contrôle externe aura peu de chance de se remettre en question en cas d'échec, et préférera blâmer les prospects, les clients, l'entreprise, le produit etc...

La formule secrète

Le Dr Robert RESNICK, psychothérapeute, a créé une formule très simple, mais très importante, permettant de mieux comprendre l'impact de notre responsabilité dans nos vies.

La voici :

$$É + R = Ré$$
(Événement + Réaction = Résultat)

L'idée de base derrière cette formule est que toutes vos expériences de vie sont le **résultat** de vos **réactions,** en réponse aux **événements** passés.

Les résultats peuvent être différents et multiples :

- Bonheur ou frustration
- Richesse ou pauvreté
- Réussite ou échec
- Santé ou maladie etc...

En fonction de la situation que vous vivez, il y a deux manières de réagir :

Premier cas : Vous accusez **l'événement (É)** d'être la cause des **résultats (Ré)** de votre vie.

De manière concrète, vous blâmez :

- Vos parents
- Votre conjoint
- Vos enfants
- Vos amis
- Vos collègues
- Votre patron
- Vos clients

- Votre manque d'argent
- Votre signe astrologique
- Le système
- L'économie
- Le climat
- Le gouvernement
- La Sécurité Sociale
- Le racisme
- Le sexisme, etc...

C'est la manière d'agir de la majorité des personnes. Elles ont une excuse pour tout, faisant porter aux éléments extérieurs, le chapeau de tout ce qui dysfonctionne dans leur vie.

<u>Deuxième cas</u> : Vous adaptez votre **réaction (R)** aux **événements (É)** jusqu'à obtenir le **résultat (Ré)** désiré.

Si les résultats obtenus ne vous plaisent pas, réagissez différemment. Comment ? En reprenant tout simplement le contrôle de vos pensées, de votre comportement, de vos croyances et de vos rêves. Prenez la ferme décision aujourd'hui, de mettre tout ce que vous êtes, et tout ce que vous faites, au service de vos rêves, objectifs et valeurs.

Il ne tient qu'à vous de changer votre façon de réagir.

Vous avez ce pouvoir. Vous, et personne d'autre. D'ailleurs, dans cette équation, votre **réaction** est la seule chose que vous pouvez contrôler. Mais quand on y pense, c'est déjà pas mal non ?

Souvenez-vous que si vous continuez à faire ce que vous avez toujours fait, vous continuerez d'obtenir ce que vous avez toujours eu. Comme le disait si bien Albert Einstein : « *La folie, c'est de faire toujours la même chose et de s'attendre à un résultat différent !* ».

L'art de trouver des excuses

Si vous souhaitez faire évoluer positivement votre Karma, il est temps de prendre l'entière responsabilité de votre vie.

Comment commencer ? En cessant de trouver des excuses pour tout. Devenez l'acteur de votre vie et non le spectateur qui subit.

Il est humain de blâmer l'extérieur plutôt que nous-même, afin de justifier nos lacunes, échecs, et mauvais comportements. Pourquoi faisons-nous cela ? Simplement car **notre ego ne supporte pas la critique**.

Il est plus simple de penser que la source de vos problèmes vient des autres... C'est un prétexte parfait pour demeurer dans votre zone de confort, mais ce n'est pas comme cela que vous progresserez au niveau karmique.

Si vous voulez vraiment du changement, trouvez des moyens plutôt que des excuses.

Un proverbe illustre très bien ces propos : « *Qui veut faire quelque chose trouve un moyen, qui ne veut rien faire trouve une excuse.* »

Un comportement toxique

Admettre que l'on a fait une erreur est parfois difficile. Cependant, vous remettre en question vous permettra de reprendre le contrôle de votre vie. Et c'est d'ailleurs la raison pour laquelle vous lisez ce livre, n'est-ce pas ?

N'oubliez pas que votre situation n'évoluera pas si vous cherchez constamment des excuses. Pourquoi ? Car vous n'apprendrez jamais de vos erreurs.

Investissez mieux votre énergie et votre temps en cherchant des solutions, plutôt qu'en vous déresponsabilisant.

L'important est de comprendre à quel point ce comportement peut vous être toxique. Évitez donc de le reproduire. Quand vous êtes tenté de rejeter la faute sur un élément extérieur, prenez l'habitude de vous poser cette question toute simple : « *Qu'aurais-je pu faire à la place pour éviter ça ?* »

Ce questionnement vous permettra de changer de mentalité, vous orientant davantage vers la solution que sur le problème.

Il est de votre responsabilité de tirer les leçons de ce qui arrive, pour éviter que la situation ne se répète. Vous casserez ainsi un mauvais cycle karmique.

C'est en travaillant sur vous et en vous appropriant vos actions, que vous réaliserez vos objectifs et construirez un avenir meilleur.

Vous n'avez plus d'excuses ! Rien ne barre le chemin menant à améliorer les différents domaines de votre vie, si ce n'est vous !

Soyez lucide

Si vous voulez vraiment réussir, vous devez être lucide ; c'est vous qui avez posé des intentions, des gestes, ressenti des émotions, et fait des choix vous menant là où vous êtes aujourd'hui.

Vous êtes la personne :

- Qui n'a pas su dire non.
- Qui a renoncé à ses rêves.
- Qui a préféré faire confiance aveuglément
- Qui a fait taire sa petite voix intérieure.
- Qui a mangé trop de malbouffe.
- Qui a accepté cet emploi.
- Qui a été totalement insouciante.
- Qui a décidé de faire cavalier seul.
- Qui a fait ces achats inutiles.
- Etc...

6 points dont vous êtes entièrement responsable

1. De qui vous êtes et de qui vous voulez devenir.
2. De ce que vous pensez. Vos pensées créent votre réalité, et vos croyances peuvent aussi bien vous aider que vous bloquer.
3. Des émotions que vous entretenez. Par exemple, en choisissant de rabâcher le négatif, ou en prenant des décisions sous l'emprise de la colère, vous perpétuez un cercle vicieux.

4. De votre résilience : vous êtes la seule personne à pouvoir changer de point de vue face à ce que vous vivez. Vous pouvez accepter de subir et vous figer dans la position passive de victime. Mais vous pouvez aussi choisir d'y puiser de la force pour avancer.
5. De vos intentions, qu'elles soient bonnes ou mauvaises
6. De vos réactions face à votre environnement.

L'enseignement de Bouddha

Lors d'un de ses enseignements, Bouddha affronta la colère du père d'un de ses disciples. Celui-ci refusait que son fils entre au monastère. Face à l'homme fulminant, Bouddha demeura impassible.

Le lendemain, la colère du père s'était apaisée. Il en avait mal dormi et se sentait mal à l'aise d'avoir insulté sa Sainteté.

Après avoir passé plusieurs heures à regretter son geste, il décide de repartir au monastère.

Lorsqu'il arriva, il supplia Bouddha de lui pardonner la violence de ses propos. Plein de bonté et de compassion, Bouddha le relève.

« Je n'ai rien à pardonner, je n'ai reçu ni violence ni indécence. »

Puis il poursuit : *« Si quelqu'un vous offre un objet, et que vous le refusez, à qui donc appartient cet objet au final ? Au donneur ou au destinataire ? »*

« Au donneur. C'est évident ! » répond le père.

« Lorsque l'on déverse sur vous de la colère, ou toute autre émotion, vous avez le choix d'accepter ou de refuser. C'est sans doute la raison pour laquelle vous souffrez des propos que vous avez proférés. Quant à moi, rassurez-vous, je n'ai pas été accablé. Cette violence que vous donniez, j'ai choisi de ne pas la prendre. »

Soyez honnête avec vous-mêmes

Prenez le temps d'analyser avec attention l'état actuel de votre vie. C'est la façon la plus simple, la plus efficace et la plus rapide de découvrir ce qui fonctionne ou pas :

- Vous êtes heureux, ou insatisfait
- Vous avez en ce moment tout ce que vous désirez, ou vous ressentez le manque
- Vous êtes riche, ou vous ne l'êtes pas

- Vous maintenez votre poids de forme, ou vous êtes en surpoids
- Etc...

Soyez honnête avec vous-mêmes car les faits ne mentent jamais !

L'Univers est de votre côté, mais vous devez renoncer aux excuses et justifications, et assumer les résultats que vous obtenez actuellement. **C'est la seule manière de vous construire un meilleur Karma.** Si vous êtes au-dessus ou au-dessous de votre poids de forme, toutes les raisons du monde n'y changeront absolument rien. Un changement de comportement est l'unique chose qui puisse modifier votre réalité.

La mise en place d'actions concrètes, voilà ce qui provoquera les effets que vous attendez. Par exemple, si vous souhaitez retrouver votre poids santé :

- Changez votre alimentation
- Faites de l'exercice plus régulièrement
- Absorbez moins de calories
- Engagez un coach sportif

En bref, vous voyez que les solutions ne manquent pas. Mais pour changer, vous devez commencer par vous questionner, en examinant avec lucidité où vous en êtes. Votre seul et unique point de départ devrait être la réalité elle-même.

Faites le point

Voyez les choses telles qu'elles sont. Observez simplement ce qui se passe en vous, et autour de vous.

Comment sont les personnes que vous fréquentez le plus ? Si vous êtes en couple, êtes-vous heureux avec votre partenaire ? Êtes-vous en pleine forme ou avez-vous des soucis de santé ? Est-ce que votre façon de faire actuellement fonctionne ? Obtenez-vous ce que vous voulez ? Vos revenus vous satisfont-ils ? Toutes les sphères de votre vie vous comblent-elles ? Si la réponse à l'une de ces questions est non, alors vous devez faire quelque chose. Cependant, vous êtes seul à pouvoir y voir clair.

Encore une fois, soyez honnête avec vous-mêmes, ne vous mentez pas en faisant votre propre bilan.

En reconnaissant que vous êtes 100% responsable de ce qui arrive dans votre vie, la Loi de la Responsabilité agira en votre faveur, et vous pousserez les portes d'un meilleur avenir karmique.

Chapitre 6
La Loi de la Connexion

« *Nous sommes tous connectés, et nous sommes tous Un.* » - *Rhonda Byrne*

Tout est énergie. Absolument tout.

Vous êtes énergie, et constitué de la même matière que les étoiles, le ciel et la terre. Vous êtes fait de cellules, elles-mêmes faites de molécules, faites d'atomes, qui à leur tour, sont faits de particules subatomiques. Et d'après vous de quoi les particules subatomiques sont faites ? D'énergie !

Et c'est ce que la **Loi de la Connexion** nous enseigne.

Tout est énergie ! Celle-ci ne peut être créée ou détruite, et est présente partout, à tout moment.

De ce fait, tout est connecté.

Vous êtes connecté à tout et à chacun. Vous êtes une pièce de quelque chose de beaucoup plus grand, une partie de l'Univers même.

Observez ce qui vous entoure. Un arbre, une fleur, un arc-en-ciel, un insecte, un livre, une chaise, un corps humain ; tous ces éléments réduits à leurs composants essentiels ne sont que pure énergie. L'Univers entier, dans sa nature essentielle, est simplement un mouvement d'énergie.

La séparation est une illusion

Si on recule suffisamment dans le temps – à l'origine de l'univers, juste avant le « Big Bang » – toutes les particules de matière du cosmos étaient reliées en une seule, de la taille d'un petit pois. C'est ce que nous disent les scientifiques aujourd'hui.

Cela signifie que vous et moi, sommes issus de cette même particule, ayant créé ce qui existe aujourd'hui. Et même si nous avons l'impression d'être séparés les uns des autres, **énergétiquement nous sommes encore tous reliés.**

Coïncidence ou connexion ?

Votre corps n'est pas séparé de l'Univers, parce qu'**au niveau énergétique il n'y a pas de frontière.**

Pensez à Internet, vous savez qu'il existe, pourtant vous ne pouvez le voir ni le toucher. Mais il est bien réel et vous profitez de ses bénéfices chaque jour. C'est une énergie invisible qui nous relie tous les uns aux autres. Dans la vie, vous êtes connecté à chacun et à chaque chose à peu près de la même façon.

Si vous cherchez des indices sur ce lien invisible qui nous unit tous, observez simplement autour de vous. Par exemple, vous est-il déjà arrivé de finir la phrase de quelqu'un à sa place ? Ou de dire exactement la même chose en même temps ? D'avoir l'intuition qu'un événement allait se produire ? Il ne s'agit pas d'une coïncidence, c'est une connexion.

Vous est-il déjà arrivé de penser à quelqu'un, et peu de temps après, vous croisez cette même personne ou en avez des nouvelles ?

« *C'est dingue ! Je pensais justement à toi !!* ».

Qui n'a jamais prononcé cette phrase au moins une fois dans sa vie ?

Dans cet exemple, vous avez anticipé les pensées et intentions de cette personne – ou inversement –

sans même le savoir, grâce à ce lien invisible qui nous unit tous.

Les scientifiques le confirment, toutes les pensées émettent des ondes électromagnétiques. Ces ondes voyagent à travers le temps et l'espace à une vitesse incroyable. Et par votre connexion à l'Univers, vous avez été capable de capter cette énergie.

Les neurones miroirs

Mais dans la pratique, comment est-il possible d'utiliser la Loi de la Connexion afin d'améliorer son Karma ? Avec l'aide de ce qu'on appelle **les neurones miroirs.**

Toujours dans le même registre, vous êtes-vous déjà demandé pour quelle raison le bâillement des autres vous amène à bâiller à votre tour ? Est-ce la preuve que la séparation n'est qu'illusion ?

Il se pourrait bien que oui.

Derrière ce phénomène anodin et courant se cache quelque chose de plus important que les scientifiques commencent à étudier.

En 1990, le neuroscientifique Giacomo Rizzolatti trouva une piste intéressante lors de ses recherches sur des singes.

Pendant que l'animal est branché sur des électrodes, le chercheur qui l'observe tend la main vers son sandwich. Les détecteurs de mouvement s'activent comme si le singe avait posé le geste lui-même, alors qu'il se tient immobile à regarder le scientifique.

Par la suite, plusieurs tests ont été réalisés. Tous confirmaient que le cerveau du singe reproduisait systématiquement – sous forme d'image mentale – les gestes qu'on l'invitait à observer.

Cette découverte est très importante car elle a permis aux scientifiques de déduire une chose : **nous reproduisons (à notre insu et simultanément), dans notre esprit, ce que nous observons.**

Cela peut nous amener à copier concrètement un geste, comme le bâillement par exemple. Il a été découvert que **nous mimons même les émotions** :

- Quand une personne rit, nous avons envie de rire
- Quand une personne est triste, nous ressentons de la tristesse

C'est bel et bien la preuve qu'il existe une connexion.

Et la science explique ce processus.

Le cerveau humain possède environ 100 milliards de neurones répondant à des fonctions spécifiques. Rappelons que les neurones sont des cellules nerveuses, dont le rôle est de faire circuler l'information entre l'environnement et le corps (au sein même de l'organisme).

Les neurones miroirs s'activent en <u>observant</u> ou <u>imaginant</u> quelqu'un faire une action.

En d'autres termes, ils sont activés par certains stimuli extérieurs mais aussi par nos propres pensées.

L'effet miroir

Si vous pensez de façon positive, si vous êtes joyeux, et croyez que la vie est belle et remplie d'amour, les neurones miroirs associés à ces beaux sentiments sont éveillés.

En partageant un moment avec un de vos proches qui se trouve dans la joie, **vos propres neurones se mettront en lien avec cette émotion**, et vous ressentirez de la bonne humeur. C'est un peu comme si vous vous mettiez sur la même fréquence.

On appelle ce phénomène « l'effet miroir ». C'est ce que vous devez utiliser pour permettre à la Loi de la Connexion d'agir en votre faveur.

Par contre, si vous vous épanchez sur vos problèmes, si vous êtes stressé, en colère ou en peine d'amour, que se passera-t-il d'après vous ?

Et bien la même chose : vos neurones miroirs entreront en résonance avec votre état d'être, contribuant à amplifier vos sentiments, et influençant votre entourage.

Pourquoi ? **Car nous sommes <u>tous connectés</u>.**

Une drogue naturelle

Les études scientifiques ont également démontré que les neurones sécrètent des **peptides**, positifs ou négatifs selon les cas.

Que sont-ils exactement ?

En termes simples, ce ne sont que de petites protéines. Mais ce n'est pas parce qu'ils sont petits que les peptides ne sont ni efficaces ni puissants. Ce sont des molécules naturelles que l'on trouve dans tous les organismes vivants, jouant un rôle crucial dans plusieurs systèmes biologiques.

Vous pouvez comparer cela à une drogue naturelle. Plus il y en a dans votre système, plus vous en redemandez. Plus il y en a de positifs, plus vous en générez. C'est pareil pour le négatif.

On entend souvent dire : l'argent attire l'argent. Il en va de même pour le bonheur comme pour les émotions négatives.

Pour résumer : plus on est heureux, plus on le sera. **Et davantage encore si l'on s'entoure de personnes vibrant à cette même fréquence.** Tout cela grâce aux neurones miroirs.

Dans les cercles de développement personnel, on vous recommande souvent d'être vigilant sur vos fréquentations, et de vous entourer d'individus positifs. Vous en connaissez maintenant la raison.

Il en va de même pour :

- Vos lectures
- Ce que vous écoutez
- Ce que vous regardez sur vos écrans
- Des gens que vous admirez et prenez pour modèles etc...

Sachant que vous intégrez ces informations et reproduisez ces comportements, il vous appartient d'enseigner à vos neurones miroirs ce que vous voulez conserver ou pas.

<u>Vous pouvez choisir</u> le type d'information qui vous sera le plus bénéfique et délaisser ce qui vous tire vers le bas.

En revanche, ne tombez pas dans l'excès et la caricature de vos futures résolutions. Certains rejettent sans nuance tout ce qui leur semble négatif. Pour autant, il est évident que si l'un de vos proches va mal, **il ne faut pas hésiter à lui tendre la main.** Mais tout est question de dosage, l'important est surtout de ne pas s'enliser dans une situation négative qui vous fera inévitablement plonger.

Soigner vos relations, épurer vos pensées, se relier à votre Essence permet d'élever votre vibration. Votre rayonnement, via l'effet des neurones miroirs, touche tout ce qui vous entoure, et ce, jusqu'aux confins de l'Univers !

L'importance de vos relations

Vous l'aurez compris, **les personnes que vous fréquentez ont une grande importance.** Un entourage positif ou négatif aura un énorme impact sur vous, votre vie et votre Karma.

Il se peut que vous investissiez du temps à devenir une meilleure personne, à vous développer personnellement. Vous faites peut-être de la méditation, du Yoga, vous lisez des livres qui vous nourrissent intellectuellement et intérieurement, vous évitez autant que possible les médias et leurs informations anxiogènes ...

Mais savez-vous que vos efforts peuvent être ralentis à cause de cette connexion à autrui ?

Qui ne s'est jamais senti mal après un échange avec une personne venue nous confier ses problèmes ?

N'oubliez pas que nous sommes comparables à des éponges, absorbant l'énergie de ceux qui nous entourent. Et pour peu que vous soyez cerné par des personnes négatives, vous vous sentirez inexorablement vampirisé.

On peut repérer assez facilement ce type de personne par l'effet qu'elle produit sur nous. La fréquenter peut même induire un état de fatigue, de lassitude ou de nervosité. On s'aperçoit des conséquences peu à peu, en faisant le lien entre leur présence et notre état.

Nous avons tous connu ces « vampires psychiques » qui se nourrissent de notre énergie, de notre attention, sans rien donner en échange.

Il faut avoir conscience qu'ils peuvent revêtir des formes diverses. Il peut s'agir aussi bien de pervers narcissiques qui nous veulent du mal, que de gens en apparence très gentils, ayant l'air innocent et parfois victimes. Ces derniers sont d'autant plus néfastes qu'ils ne font pas peur et ne suscitent aucune méfiance. Ces personnes peuvent être dans votre cercle familial, amical ou professionnel.

Ceux qui ont beaucoup à donner, les empathiques, les aidants, se laissent plus facilement vampiriser que les autres, et peuvent risquer le « *burn out* » total. Donc attention à ne pas vous laisser parasiter par vos relations.

Vous êtes la moyenne des gens que vous fréquentez

Certes, nous sommes des animaux grégaires, ayant tendance à vivre en troupeau. Nous n'aimons généralement pas vivre seul. Mais n'oubliez pas ce vieux dicton : « *Il vaut mieux être seul que mal*

accompagné ». Et cela est tout à fait vrai, karmiquement parlant. Si vous êtes entouré de gens sombres, négatifs et colériques, vous faites ce qu'il y a de pire pour vous.

Pourquoi ?

Car vous allez être, et faire un peu comme eux, et parfois même de manière inconsciente, toujours à cause de vos neurones miroirs. Jim Rohn disait : *« Nous sommes la moyenne des 5 personnes que nous fréquentons le plus »*. Jetez un coup d'œil à votre vie, et répondez sincèrement à ces questions :

- Comment sont les personnes que je fréquente le plus ? Sont-elles positives ? Négatives ?
- Vous sentez vous plein d'énergie après les avoir vus ? Ou au contraire, complètement vide ?

Si vous prenez conscience que votre entourage ne vous aide pas, **commencez à prendre doucement vos distances.**

Attention, il ne s'agit pas ici de les blâmer ou de les ignorer complètement du jour au lendemain, mais de simplement prendre un peu de recul afin de vous recentrer sur vous-même. Vous en avez parfaitement le droit, ne culpabilisez donc pas.

Comment identifier une personne toxique ?

Il existe plusieurs profils d'individus toxiques, allant du manipulateur à la simple victime.

Généralement il s'agit de personnes avec qui vous ne vous sentez pas bien. Quoique pas toujours, notamment lorsque l'on est sur un profil manipulateur. Quoi qu'il en soit, ils se nourrissent de votre énergie. Ce sont souvent des êtres en souffrance, pas forcément méchants, mais qui ne nous apportent rien de bon.

Voici différents les différents types d'individus toxiques :

- Les plaintifs qui se posent en victimes en permanence
- Les « pots de colle », dépendants, qui empiètent sur votre espace vital
- Ceux qui passent leur temps à critiquer
- Ceux qui vous font culpabiliser
- Les égocentriques, égoïstes
- Les hypocrites, les menteurs
- Ceux qui veulent toujours avoir raison

- Ceux qui ne savent pas tenir leurs engagements
- Les profiteurs agissant par intérêt
- Ceux qui se sentent supérieurs
- Ceux qui veulent tout contrôler

3 façons de se libérer des êtres toxiques

Avant d'aller plus loin, il est important de comprendre certaines choses.

Il peut arriver que certaines personnes de votre entourage vivent des situations difficiles, se plaignent, soient tristes, déçues, déprimées etc...

Pour autant, ce ne sont pas forcément des personnes toxiques. Il faut être nuancé. Il est essentiel parfois d'être à l'écoute de l'autre, sans jugement, et d'accueillir simplement ses émotions et son histoire. **C'est le dosage qui fait la toxicité !**

Si la relation s'est construite pour de mauvaises raisons, et qu'elle se pérennise, il est temps de s'en libérer afin de vous réaligner, vous recentrer sur vous-même et faire évoluer positivement votre Karma.

Voici quelques pistes à explorer :

1. N'endossez pas systématiquement le rôle du sauveur

D'une part, il est impossible de sauver tout le monde, commencez par vous-même, ce sera déjà un bon début. Il n'est pas judicieux de trop intervenir pour l'autre, au risque d'entretenir <u>inconsciemment</u> son mal être. **Laissez-le prendre les leçons de ce qui lui arrive, et être créateur de sa propre vie.** C'est un peu comme si vous tiriez sur la tige d'une plante pour faire en sorte qu'elle pousse plus vite. Vous savez bien que cela ne fonctionne pas. Chacun doit évoluer à son rythme.

En prêtant sans cesse attention au mal-être d'autrui, vous maintenez la personne dans son rôle de victime, alimentant ainsi son côté plaintif, sombre et dépendant.

Face à ce type de comportement, il est plus judicieux d'amener l'individu à prendre conscience de tout ce qu'il y a de bien dans sa vie. Vous pouvez aussi l'orienter sur un autre sujet de conversation.

2. Affirmez-vous et sachez prendre de la distance.

Face à une personne toxique, il est capital de poser des limites. Savoir dire « NON » est essentiel, cela vous permet de respecter vos besoins, en restant en accord avec vos valeurs. Il ne s'agit pas forcément d'être toujours dans le « NON », mais de comprendre qu'il donne aussi une valeur à votre « OUI ».

Vous pouvez être un peu à l'écoute, tout en gardant votre pouvoir. C'est en vous affirmant que vous montrez votre force de caractère ; les gens toxiques sentiront qu'ils n'ont plus d'emprise sur vous, et s'éloigneront naturellement.

N'oubliez pas que si une personne a du pouvoir sur vous, c'est parce que vous lui en avez donné – consciemment ou non – l'autorisation.

Concernant ceux qui se complaisent dans le rôle de victime, sachez qu'aller mieux les intéresse moins que d'être écouté et attirer l'attention.

Une autre solution plus simple consiste à prendre de la distance avec la personne toxique : donnez moins de nouvelles, rendez-vous moins disponible, espacez les rencontres. L'avantage de ces petites stratégies est de couper les relations en douceur.

Ne perdez pas de vue que <u>VOUS</u> demeurez votre priorité.

3. Travailler sur soi et sur ses blessures

Si vous attirez des gens toxiques, il est possible que vous ayez :

- Peur de la solitude
- Besoin de vous sentir aimé
- Une faible estime de vous-même
- Un manque de confiance en vous
- Peur d'être jugé

Ne vous en déplaise, la responsabilité de tout ce que vous vivez vous revient. Il est donc important dans un premier temps, d'identifier (par votre propre introspection) les raisons pour lesquelles vous attirez les mauvaises personnes, pour ensuite faire un vrai travail sur vous-même. Chaque relation est une occasion d'apprendre.

La Loi de la Connexion nous permet – en partie – de réaliser que nos émotions profondes sont le reflet de nos relations. N'oubliez pas que **les vibrations équivalentes s'attirent.**

« Vous n'êtes pas dans l'univers, vous êtes l'univers, une partie intime de lui. Ultimement, vous n'êtes pas une personne, mais un point focal où l'univers devient conscient de lui-même. »

ECKHART TOLLE

Chapitre 7
La Loi de la Concentration

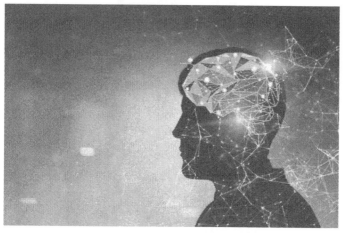

« *Où va votre concentration, va votre énergie.* »
- Anthony Robbins

Le principe de base de la **Loi de la Concentration** est que « *tout ce sur quoi nous portons notre attention s'amplifie* ». D'ailleurs, les études en neurosciences permettent de confirmer scientifiquement ce point.

Comprenez que vous construisez votre avenir par vos pensées, émotions, actions, croyances et valeurs. Et dans la majorité des cas, cela se fait indépendamment de votre volonté, seulement avec votre inconscient.

Pour reprendre à minima le contrôle de ce que vous créez, il est important de connecter vos intentions, objectifs et rêves à un allié méconnu qui est votre **Système Réticulé-Activateur.** Ce terme vous interroge surement, mais rassurez-vous c'est plus simple que vous ne l'imaginez.

Le système réticulé-activateur

Derrière ce terme un peu compliqué se cache une partie très importante de votre cerveau.

« *Et donc, le système réticulé activateur c'est quoi ?* »

Pour répondre à cette question de manière simple : c'est une sorte de Google interne.

Imaginons que vous ayez décidé d'acheter une voiture de sport rouge. Vous en rêvez, et cela vous ferait tant plaisir.

À ce moment-là, va se passer quelque chose de très intéressant.

Dans la rue, vous commencerez à voir toutes les voitures de sport rouges du modèle que vous aimeriez acheter. Et même les modèles dans les autres couleurs.

Pourquoi ?

Parce que dans toutes les informations que reçoit votre cerveau, il existe un système qui les filtre et qui dit : « *Stop ! Cette information est <u>importante</u> pour moi, on la met de côté.* »

Et comment la met-il de côté ?

En l'amenant à votre conscience, tout simplement.

Un système extraordinaire

Ce système est génialissime.

C'est grâce à lui que vous pouvez <u>quotidiennement</u> :

- Être en contact avec plus de 5 millions d'informations
- Trier 60.000 pensées
- Traiter et répondre à plus de 5.000 questions

C'est juste quelque chose d'exceptionnel, et croyez-moi, même les algorithmes les plus puissants du monde sont très loin de pouvoir rivaliser avec cette puissance de traitement d'informations.

<u>Autre exemple</u> :

- Une femme enceinte, ou ayant envie d'avoir un enfant, verra des femmes enceintes partout.

Vous commencez à comprendre comment marche ce système ?

Aussi, si vous recherchez le compagnon ou la compagne idéale, vos critères vont être filtrés à partir des personnes que vous allez croiser dans la rue au quotidien. Et ce système d'alerte vous dira par exemple : « *Attention, cette personne avec ses yeux magnifiques et ce beau sourire correspond vraiment à ton type de partenaire idéal.* »

Attention à ce que vous amenez à votre conscience

Bien entendu, cela est le côté le plus sympa du système réticulé-activateur. Cependant, il existe un côté moins drôle.

Avant tout, il faut comprendre que **ce système n'a pas de conscience**. En clair, il fonctionne comme un ordinateur, où les données que vous absorbez vont être filtrées puis amenées à votre conscience. Le système réticulé-activateur ne considère pas le bien ou le mal, ce n'est pas son rôle, il prend simplement l'information et la trie. Il n'est pas là pour vous dire : « *Sais-tu que l'information que tu m'as donnée n'est pas très bonne pour toi ?* »

La seule chose qu'il intègre réellement, c'est la dimension de l'importance.

Cela veut dire qu'il va uniquement se concentrer sur ce qui **semble** important pour vous :

1. Ce qui vous fait profondément plaisir, et qui va être une source de satisfaction énorme.
2. Ainsi que vos peurs, de la plus petite à la plus grosse angoisse.

Pour faire simple : si vous avez une peur, vous avez de très grandes chances de voir votre attention portée sur tout ce qui va la renforcer.

Comprenez que dans les 5 millions d'informations que vous filtrez chaque jour, vous allez vous focaliser sur ce qui a de l'importance pour vous. Et s'il s'agit d'un élément qui vous déplaît fortement, je vous laisse imaginer ce qu'il va se passer en arrière-plan.

En clair, que va faire votre système réticulé-activateur ?

Il va filtrer toutes les informations dans votre environnement qui correspondent à **votre peur**. Et que se passe-t-il dans ce cas ?

Vous l'augmentez !

C'est comme cela qu'une personne ayant une petite crainte au départ, peut la transformer en peur, en anxiété, puis en angoisse. Tout simplement parce que votre système réticulé-activateur va amplifier le phénomène.

Et n'oubliez pas que **ces actions vibratoires (la peur, l'anxiété, l'angoisse etc...) affectent votre Karma.**

D'où l'intérêt d'être très au clair avec les informations sur lesquelles vous vous concentrez.

Le point noir

Un jour, un professeur surprend ses élèves par une évaluation surprise assez singulière.

Une fois que toutes les copies d'interrogation sont distribuées, faces cachées, il demande à la classe de retourner la feuille.

À la surprise générale, il n'y a aucune question.

Juste un point noir au centre de la feuille.

Devant l'expression surprise des visages, le professeur dit : « *Je voudrais que vous développiez ce que vous voyez ici...* »

Les étudiants dans la confusion commencent alors ce devoir inexplicable.

À la fin du temps imparti, l'enseignant ramasse les copies et les lit à haute voix devant la classe.

Tous les étudiants avaient défini le point noir, en essayant d'expliquer sa position au centre de la feuille, l'intensité de sa couleur etc...

Le professeur s'explique enfin :

« Je ne vais pas vous noter là-dessus. Je voulais juste que vous réfléchissiez.

Personne n'a rien écrit au sujet de la partie blanche de la feuille. Tout le monde s'est concentré sur le point noir.

Et la même chose arrive dans nos vies. On a tendance à se focaliser seulement sur le point noir. Le problème de santé qui nous gêne, le manque d'argent, une relation compliquée, une déception avec un ami...

Nombre de points noirs sont très petits comparés à tout ce que vous avez dans la vie, mais ce sont eux qui la polluent et la gâchent, car vous êtes concentrés dessus.

Éloignez vos yeux des points noirs et prenez conscience de tout ce que vous avez.

Profitez de chacune de vos satisfactions, de chaque moment positif que la vie vous offre.

Voyez l'abondance autour de vous et vivez heureux. »

Le changement par l'intention

N'oubliez pas que vous renforcez ce sur quoi vous vous concentrez. Et par chance, vous avez déjà en vous un système qui permet de le faire.

Et pour prendre pleinement conscience des informations que vous mettez dans votre système réticulé-activateur, il est important de se poser régulièrement deux questions :

1. **À quoi est-ce que je donne de l'importance en ce moment ?**
2. **Est-ce vraiment ce que je veux ?**

C'est en mettant en place cette démarche consciente et intelligente que vous changerez votre avenir karmique.

<u>1ère étape</u> : Par exemple, si votre réponse à la première question est la peur de manquer, comprenez que vous renforcez automatiquement cette crainte via votre système réticulé-activateur.

2ème étape : demandez-vous ensuite si c'est vraiment cela que vous souhaitez ?

Dans mon exemple, ai-je vraiment envie d'amplifier ma crainte de manquer ? La réponse est non évidemment. Je vais alors tenter de diriger mon attention ailleurs, et plus particulièrement, sur ce qui me procure du plaisir, de la joie.

Le but ici n'est pas de faire l'autruche en occultant vos problèmes, mais bien de ne pas les intensifier.

Il vous suffira ensuite de mettre en pratique les autres lois du Karma afin de passer plus facilement à l'action, et créer l'avenir que vous désirez. Rappelez-vous que toutes ces lois sont interconnectées, et qu'il est important de faire preuve de volonté pour essayer de les appliquer. C'est uniquement de cette manière que vous changerez votre vie.

Écrivez vos intentions

Si vous avez des peurs, écrivez-les sur papier. Ensuite, notez ce que vous aimeriez plutôt expérimenter. Cela vous permettra de transformer vos craintes en intentions positives.

Par exemple : Si j'ai peur d'être ridicule, il faut que je sache ce que je veux à la place. Dans mon cas, j'aimerais donc avoir confiance.

À partir de là, écrivez : « *j'ai l'intention d'avoir confiance en moi en toutes circonstances.* »

Si vous avez peur de manquer, vous pouvez écrire : « *J'ai l'intention d'attirer facilement la réussite et l'abondance.* »

Écrivez-le dix fois, voire cent fois s'il le faut. Je vous fais le serment que cette simple méthode fonctionne, car rien n'est plus puissant que la répétition.

Adoptez le réflexe positif de transformer systématiquement vos peurs en intentions. Aussi, je vous invite à les rédiger à la main car l'écriture est plus engageante, et ne sollicite pas les mêmes aires du cerveau, que si vous étiez sur un ordinateur.

Ressentez ce que vous écrivez

Lorsque vous rédigez vos intentions, imaginez-vous en train d'avoir – ou d'être – ce que vous écrivez. Imaginez tout le plaisir que cela vous procure, et ressentez vraiment la scène comme si vous y étiez. Vous développez ainsi de manière positive votre système réticulé-activateur, en l'orientant vers ce que vous souhaitez réellement.

N'oubliez jamais que **vous donnez du pouvoir à ce sur quoi vous vous concentrez.**

CHAPITRE 7 : LA LOI DE LA CONCENTRATION

« Où va votre concentration, va votre énergie. »

ANTHONY ROBBINS

Chapitre 8
La Loi du Don et de l'Hospitalité

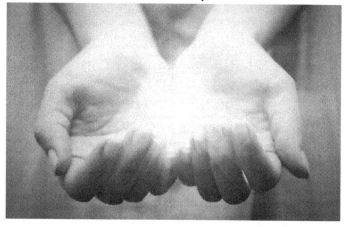

« *La valeur d'un homme tient dans sa capacité à donner et non dans sa capacité à recevoir.* »
- Albert Einstein

La **Loi du Don et de l'Hospitalité** nous apprend à donner avec le cœur, sans rien attendre en retour.

Attention également à ne pas confondre la définition la plus commune de l'hospitalité qui est « l'action de recevoir chez soi », et l'hospitalité karmique qui est l'action de « donner quelque chose de soi ». Ici, le Don et l'Hospitalité se rejoignent.

Il existe deux types de dons :

1. Matériel
2. Spirituel

En effet, lorsque l'on aborde le sujet du don, la majorité des gens pensent immédiatement au matériel. Cependant, le don spirituel est tout aussi important, si ce n'est plus : savoir donner du temps, un sourire, une prière... Sans compter que l'Univers vous rendra <u>toujours</u> ce que vous aurez su donner en suivant les élans du cœur.

Une des plus grandes sources de joie

Donner est une des plus grandes sources de joie que l'homme puisse expérimenter, car il existe un lien étroit entre notre bonheur et celui de pouvoir contribuer à celui d'autrui.

En outre, **la gentillesse rend plus heureux.**

Cela a d'ailleurs été démontré scientifiquement. Une étude de l'Université de Colombie-Britannique et de Harvard (publiée dans la revue « Science » en 2008) montre qu'à revenus égaux, un individu ne dépensant que pour lui-même est plus malheureux que celui faisant preuve de générosité.

D'autres travaux (« Psychological Science » en 2001) ont montré que la gentillesse et la générosité diminuent le stress.

Rappelez-vous que nous sommes tous connectés, et que la peine comme la joie sont communicatives. En plus d'être gratifiant, donner procure une profonde satisfaction. C'est d'ailleurs pour cela que les altruistes sont rarement dans la tristesse. Vous pourrez constater que de nombreux bénévoles sont bien plus investis que certaines personnes rémunérées pour accomplir les mêmes choses.

En revanche, il est important de garder à l'esprit que la bonne volonté de contribuer devrait toujours être désintéressée : **donnez toujours sans rien attendre en retour.**

Se donner à soi-même chaque jour

On ne peut pas verser à partir d'une tasse vide. C'est pourquoi votre premier acte quotidien de don devra commencer par vous-même.

Je ne parle évidemment pas de vous offrir un nouveau vêtement ou le dernier smartphone à la mode.

Pour que ce don fasse sens, il doit être d'une connexion plus profonde avec **votre corps, votre esprit et votre âme** (la « trinité spirituelle »). Il s'agit de prendre soin de vous avec gentillesse et tendresse. Nous revenons ici au don spirituel évoqué plus haut. Cela renvoie d'une certaine manière à tout ce qui peut nourrir votre être intérieur.

Ce peut être une promenade dans la nature, s'arrêter pour sentir les fleurs, être en contemplation devant un coucher de soleil, apprécier une tasse de thé seul en silence, pratiquer le yoga ou la méditation, écrire quelque chose dont vous êtes reconnaissant à la fin de chaque journée, peindre, chanter, danser, etc.

Cultivez le désir de contribuer

La compassion et l'aide font partie intégrante de notre nature. **Vous gagnerez toujours à donner car cela crée inévitablement une différence positive dans votre vie.** Il peut être difficile de comprendre cela, surtout quand vous luttez pour satisfaire vos propres besoins.

Il est dommage que le manque ou la peur de manquer, puissent parfois fausser notre vision de la vraie valeur du don. L'idée d'être obligé de donner à certains moments et à certains égards a faussé tout le concept du don. **Lorsque vous donnez avec le cœur, la dimension de l'obligation disparait totalement.**

Quel cadeau préférez-vous recevoir ? Celui du cœur ou celui venant d'un sentiment d'obligation ou de pression sociale ?

En réalité, comprenez que contribuer significativement à la vie des autres, ne dépends aucunement de votre situation financière : « *Le bonheur est souvent la seule chose qu'on puisse donner sans l'avoir et c'est en le donnant qu'on l'acquiert* » disait Voltaire.

30 actes de gentillesse à pratiquer

La pénurie n'existe pas quand vous êtes prêts à donner avec votre cœur, et les occasions ne manquent pas !

Voici quelques exemples d'actes de gentillesse et de bienveillance qui, à terme, pourraient bien changer positivement votre vie et celle d'autrui :

CHAPITRE 8 : LA LOI DU DON ET DE L'HOSPITALITÉ

1. Souriez aux personnes que vous croisez dans la rue.
2. Faites un compliment sincère à un proche.
3. Aidez vos voisins à porter leurs sacs de courses.
4. Ayez un mot gentil pour tous les employés de caisse que vous croisez.
5. Préparez et apportez le petit-déjeuner au lit à votre partenaire.
6. Triez et donnez les vêtements et objets que vous n'utilisez plus.
7. Remercier par message écrit une personne qui vous a rendu service.
8. Faites du bénévolat pour une cause qui vous tient à cœur.
9. N'hésitez pas à faire un câlin aux personnes que vous aimez.
10. Laissez une personne (âgée, une femme enceinte, ou quelqu'un avec seulement un ou deux articles) vous précéder dans la file d'attente à la caisse du supermarché.
11. Écoutez sans juger.
12. Faites un thé entre amis et préparez-leur un gâteau.
13. Laissez un livre ou un magazine que vous venez de finir, sur un banc ou dans les transports, afin d'en faire profiter quelqu'un d'autre.

14. Prendre des nouvelles de quelqu'un que vous n'avez pas vu depuis longtemps.
15. Aidez une personne âgée à traverser la rue.
16. Laissez des mots « surprises » sur post-it (humour, tendresse...) à l'attention de votre partenaire et de vos enfants.
17. Dans un transport, cédez votre place assise à quelqu'un de plus vulnérable que vous.
18. Donnez un temps de qualité à vos enfants, par exemple en leur lisant une petite histoire avant de dormir ; intéressez-vous à leurs activités ; prenez le temps de leur expliquer les choses de la vie...
19. Ramassez les déchets qui trainent sur une plage ou dans un parc.
20. Mettez des messages bienveillants dans les livres que vous empruntez à la bibliothèque ou dans les poches de vêtements neufs dans les magasins (un peu de fantaisie amène des couleurs à votre vie).
21. Trouvez un maître à un animal abandonné.
22. Écrivez une lettre à une personne (enseignant, parent...) qui vous a inspiré dans votre vie, pour la remercier de ce qu'elle vous a apporté.
23. Tenez la porte pour la personne derrière vous.
24. Offrir un repas à un sans-abri.

25. En cas d'averse surprise, partagez votre parapluie avec la personne qui n'en a pas.
26. Appelez une personne de votre choix pour lui dire à quel point elle est géniale.
27. Laissez un pourboire au serveur(se) qui vous a été agréable.
28. Exprimez plus souvent de la gratitude, même pour les événements « anodins » que vous offre la vie (voir un coucher de soleil, entendre les oiseaux chanter...).
29. Saluez les personnes que vous croisez en les appelant par leur prénom (c'est tellement mieux et différent).
30. Offrez une prière pour quelqu'un d'autre que vous-même.

En résumé, il s'agit de faire simplement quelque chose de gentil, avec **une présence et une attention totale**. Ces actes conscients de don vous transformeront de l'intérieur.

Tous ces petits gestes peuvent faire une différence notable dans la journée, voire dans la vie d'une personne, et dans la vôtre évidemment.

Combien d'adultes par exemple sont encore en souffrance de ne pas avoir pu partager de vrais moments de complicité avec leurs parents ? Le meilleur cadeau que vous puissiez offrir à vos enfants est l'attention que vous leur accorderez. Tant de parents aiment leurs enfants sans savoir le manifester par des repères solides.

Nombre d'individus mal dans leur peau ont pourtant été des enfants très gâtés, matériellement. En grandissant, la vie de quelques-uns a même pu tourner au tragique (dépression voire suicide).

Savez-vous pourquoi ?

Ils se sont construits sans l'essentiel : **de vraies attentions d'amour.**

C'est à dire une complicité rassurante, des mots valorisants, du temps accordé... Pourtant, tout cela est <u>gratuit et disponible à volonté</u>.

Ainsi, partager des moments de qualité par le don, nous sauve d'une vie où l'on est absent aux autres et à soi-même. Ne passez donc pas à côté de votre vie.

L'histoire des cent roses

Je vous relate ici une histoire personnelle où, pour l'occasion de la saint Valentin, j'ai souhaité distribuer gratuitement des roses à des inconnus (des hommes comme des femmes), dans le seul but de vouloir faire plaisir et d'apporter un peu de bonheur.

CHAPITRE 8 : LA LOI DU DON ET DE L'HOSPITALITÉ

Avec ma compagne et des amis, nous nous tenons sur une grande place ou circulent beaucoup de monde. Apercevant une femme sans-abri, je me dirige vers elle pour lui tendre une rose. Elle l'accepte spontanément le visage ouvert, et à ma plus grande stupéfaction, insiste pour me donner quelques petites pièces en retour. Je refuse bien entendu mais elle s'obstine tant, que je finis par céder, acceptant les pièces qu'elle est fière de me tendre, un peu comme pour me dire, « *je n'ai pas grand-chose mais je veux donner* ».

Cet épisode nous a tous ému et donné une belle leçon de vie. Parmi les nombreuses personnes rencontrées, la seule qui a souhaité donner quelque chose en retour était une sans-abri.

La surprise ne s'arrête pas là. Quelques jours plus tard, je la recroise, elle me reconnait et nous échangeons. Elle m'apprend que le jour de notre rencontre, elle a croisé un homme pleurant seul sur un muret, suite à une rupture. Pour le réconforter, elle lui a fait don de sa rose. L'homme touché en plein cœur par son geste, en pleur, décide alors de lui donner 100 € !

« *Je n'aurais jamais imaginé* » dit-il, « *qu'après m'être fait larguer le jour de la Saint Valentin, la seule personne qui viendrait me porter attention serait une sans-abri, qui en plus viendrait m'offrir une rose.* »

Cette singulière et authentique histoire illustre à la perfection les répercussions et la magie qui peuvent découler du Don et de l'Hospitalité du cœur.

Une vie pleine de sens

Nous n'avons jamais été aussi connectés par le biais d'internet, et pourtant, jamais nous n'avons été aussi cloisonnés les uns des autres, seuls souvent, chacun derrière nos écrans. Que de tensions et contradictions traversent les relations contemporaines. Comment se frayer un chemin à travers le monde d'aujourd'hui ? **Le don est une des meilleures boussoles pour avancer.** Il nourrit celui qui reçoit autant que celui qui donne.

Ce que nous voulons consciemment, c'est en général être heureux ou donner du sens à notre vie. C'est l'objectif qui revient souvent parmi les personnes qui se font coacher, quelques soient les nationalités, tranches d'âge et professions : « *je veux une vie pleine de sens* » ou « *je veux être heureux* ».

Nombreux sont ceux qui pensent qu'une vie pleine de sens est hors de leur portée, que cela n'est réservé qu'à quelques privilégiés ayant la capacité financière, le courage et/ou la folie... Vivre une vie qui a du sens est un concept souvent associé à un but précis, que beaucoup considèrent comme insaisissable.

Vie de bonheur et vie de sens

À ce stade, il est judicieux de faire la nuance entre **une vie de bonheur** et **une vie de sens.**

La différence réside dans le fait que la première consiste davantage à « prendre », tandis que la seconde s'oriente plus vers le « donner ».

Nous savons tous que lorsque nos désirs et besoins sont satisfaits, nous ressentons du bonheur, mais cela donne-t-il nécessairement un sens à notre vie ?

Viktor Frankl a dit un jour que « *lorsqu'une personne ne peut pas trouver un sens profond, elle se distrait avec plaisir* ».

Mais cette recherche du plaisir ne nous remplit jamais durablement, et se transforme quasiment toujours en une quête incessante et insatiable du « toujours plus », nous entraînant dans un cercle vicieux.

En revanche, donner un sens à votre vie est quelque chose d'assez différent. Ce type de parcours n'est pas planifié comme un « plan de carrière » mais ce qui est certain, c'est que cela vous amènera beaucoup plus loin. Une vie de sens nourrira votre être intérieur de la plus belle des énergies et fera évoluer positivement votre Karma.

Vous l'avez vu précédemment, il n'est pas nécessaire d'aller chercher très loin pour illustrer le Don ou l'Hospitalité du cœur (un simple sourire, un geste d'affection, une marque de confiance etc.). Toutes ces petites choses de la vie qui ne coutent rien peuvent paraitre anodines, mais elles sont les petits ruisseaux qui font les grandes rivières, donnant autant de sens autant à celui qui reçoit qu'à celui qui donne.

Ne vous est-il jamais arrivé d'avoir hâte d'offrir ou de faire une surprise à quelqu'un ? Nul doute que oui. Il y a assurément plus de joie à donner qu'à recevoir. *« On n'est jamais aussi heureux que dans le bonheur qu'on donne. Donner c'est recevoir »* disait l'Abbé Pierre.

Trouver un sens à votre vie peut vous arriver après un effondrement personnel, comme perdre son affaire, être contraint de déménager pour se réinventer ailleurs. C'est l'occasion de s'apercevoir que l'on peut donner du sens à sa vie **indépendamment de toute considération matérielle.**

Contrairement à l'illusion de trouver le bonheur dans le fait de « prendre », c'est par le Don que l'on finit par atteindre la vraie félicité.

Et il n'est pas forcément nécessaire de faire du bénévolat pour voir sa vie prendre du sens. **Commencez par vous engager <u>simplement</u> dans un acte de gentillesse aléatoire tous les jours.**

Vous constaterez que ces petits gestes quotidiens, mêlés à une dose de curiosité et de courage, donneront chaque jour des miettes de sens. C'est un processus évolutif avec de délicieux rebondissements qui n'auraient pas pu être prévus. Ils ne feront que s'additionner pour vous faire atteindre le vrai sens de votre vie, cette chose parfois indéfinissable qui vous nourrit profondément.

Pourquoi ?

Car derrière le Don et l'Hospitalité se niche le sentiment le plus noble qui soit : l'Amour. Celui que vous devez vous porter à vous-même pour commencer, et aux autres évidemment.

Vous êtes toujours dans la justesse lorsque vous faites les choses avec Amour.

Cela rejoint une puissante phrase qui vaut la peine d'être méditée : « *lorsqu'un mouvement est juste, rien ne peut l'arrêter, lorsqu'un mouvement n'est pas juste, un rien peut l'arrêter.* »

Exprimer le don de la bonté et de l'amour en vous, ne peut donc que donner du sens à votre existence. Et vous pouvez offrir ce cadeau chaque jour, à vous-même, à vos proches et à votre communauté.

Lentement mais sûrement, cette vie vous permettra de comprendre pourquoi vous êtes né.

Et il ne tient qu'à vous de vous ouvrir en laissant la Loi du Don et de l'Hospitalité donner un sens à ce que vous êtes, et ce que vous faites.

Élever votre conscience

Si vous êtes dans le Don, vous faites partie des personnes les plus en conscience et les plus généreuses. Vous avez compris qu'il ne sert à rien d'être dans l'abondance pour appliquer la Loi du Don et de l'Hospitalité, compte tenu de tous les aspects qu'elle peut revêtir.

Enfin, ne minimisez jamais l'importance d'un don quel qu'il soit, et aussi petit puisse-t-il vous paraître, car ce que vous avez donné a peut-être une valeur sans mesure pour celui qui reçoit.

Retenez que le Don est un élément fondamental de l'ascension spirituelle et de la conscience.

Chapitre 9
La Loi de l'Ici et Maintenant

« *Malheureux est celui qui est hanté par le passé, toujours effrayé du futur, et qui néglige le moment présent.* » - Talal Ghosn

La **Loi de l'Ici et Maintenant** pose les bases fondamentales à toute vie sereine. Elle vous permet de prendre conscience que seul le moment présent vous appartient réellement. Et que seul celui-ci compte vraiment.

Vous aurez sans doute entendu les formulations suivantes :

- L'instant présent

- La pleine conscience
- L'ici et maintenant etc...

Ces termes désignent la même chose : vivre pleinement le moment présent – le seul instant qui existe réellement – sans penser au passé, ni au futur.

Le pilotage automatique

Dans le cas de recherches en neurosciences, de nombreux chercheurs se sont intéressés à la pleine conscience et l'art de se concentrer sur le moment présent.

Mais avant de développer ce point, il est important de comprendre ce que la pleine conscience n'est pas.

Imaginez la chose suivante :

Vous êtes devant votre ordinateur, mais au lieu de vous concentrer sur votre travail, vous faites autre chose : vous pensez à votre soirée, à vos prochains achats, à ce que vous allez manger ce midi etc.

En fait, vous êtes là, mais pas vraiment.

Pourquoi ?

Parce que **vos pensées papillonnent d'un sujet à l'autre en permanence**, et trop souvent de manière inconsciente.

Dans ce type de moment, vous êtes dans ce que l'on appelle **un pilotage automatique**.

Or, la meilleure stratégie pour atteindre la pleine conscience et se recentrer plus facilement sur le moment présent, consiste à débrancher ce système de pilotage automatique.

Mais pour cela, il faut déjà avoir conscience qu'il est en marche. C'est ici la première des choses à faire.

Par contre ce phénomène de « décrochage mental » est tellement ancré dans nos habitudes, que la plupart du temps vous n'y prêtez même pas attention.

C'est ce que Matthew Killingsworth, chercheur et auteur américain, a voulu démontrer : il semblerait que 47% du temps – en moyenne – nous ne sommes pas dans l'instant présent ; nous pensons à autre chose que ce sur quoi nous devrions être focalisés dans l'instant.

Ce pourcentage varie selon les activités :

- 40% lorsque nous faisons de l'exercice
- 50% lorsque nous travaillons
- 65% lorsque nous prenons une douche
- 90% lorsque nous avons un rapport amoureux

Cette étude a aussi démontré que lorsque notre esprit vagabonde, nous sommes moins heureux que lorsque nous sommes dans l'instant présent. Et ce, quelle que soit notre activité, ou la nature de nos pensées.

En résumé, vous ne vivez pas dans le moment présent quand :

- Vous pensez aux événements de votre passé
- Vous imaginez votre futur
- Vous êtes absorbés par vos écrans
- Vous dormez
- Vous rêvez, etc...

Vous vivez en quelque sorte par procuration, en subissant les événements sans intervenir dessus.

Dans la majorité des cas, vous vivez vos rêves à travers la vie des autres.

Pas d'émotions négatives dans le présent

Enfin si vous êtes dans le stress, l'anxiété, l'angoisse – ou n'importe quelle autre émotion négative – vous n'êtes pas non plus dans le moment présent.

Prenons l'exemple de l'angoisse.

De quoi s'agit-il réellement ?

D'une peur liée à un élément futur. Pensez-y sérieusement. L'angoisse n'est rien d'autre que votre mental qui anticipe un événement futur. En d'autres termes, **vous imaginez quelque chose qui n'existe pas encore, et ne se produira peut-être jamais.**

Toutes les peurs, petites ou grandes, sont associées au futur.

Mais en faisant l'effort conscient de revenir pleinement dans le présent, vous vous ancrez dans le moment où – concrètement – ces peurs n'existent plus.

Même si ces peurs sont liées au futur, elles sont souvent déclenchées ou accentuées en raison d'un évènement passé. Par exemple dans le cas d'une crise d'angoisse, la simple idée que cela puisse se reproduire, suffira à vous effrayer.

J'ai une bonne nouvelle cependant : concentrez-vous uniquement sur ce qu'il se passe ici et maintenant, faites un arrêt sur image, observez autour de vous. Et vous ferez vite le constat que les éléments du passé ne font plus partie du paysage.

Le passé n'est plus, le futur n'est pas encore

Nombre d'émotions négatives appartenant au passé et au futur n'ont pas lieu d'être au présent. C'est généralement nous qui avons tendance à déplacer – et faire perdurer – ces ressentis dans le présent :

- Le remords (passé)
- Le regret (passé)
- La culpabilité (passé)
- La peur (futur)
- Le stress (futur)
- L'anxiété (futur)
- L'angoisse (futur)

Les blessures d'enfance, les mauvais souvenirs, les erreurs, échecs ou hontes du passé... Tout cela n'a plus de place dans le moment présent.

L'aigle, le vautour et l'indien

L'histoire se passe dans un canyon, en plein désert.

C'est une année particulièrement sèche, les derniers coins d'humidité à l'ombre des rochers ont disparu il y a des mois déjà.

Un aigle en recherche d'une proie évolue dans le ciel depuis des heures. Un vautour immobile sur la branche d'un arbre sec, observe le rapace : il sait qu'à un moment, l'aigle laissera derrière lui une carcasse. Il lui suffit juste d'être patient et d'arriver le premier.

Pas loin, un jeune indien chasse en solitaire dans ce canyon aride.

Sa femme attend au tipi avec leur premier bébé et il s'inquiète : le soleil est écrasant, et à cause de la sécheresse, beaucoup de proies sont mortes de soif ou ont quitté les lieux pour des horizons plus humides. Que va-t-il arriver s'il rentre au village démuni de nourriture ? Il imagine que par sa faute, sa famille pourrait mourir de faim… Il est perdu dans la noirceur de ses pensées quand un lièvre surgit soudainement sous ses yeux. Prenant trop de temps pour tirer sa flèche, l'animal lui échappe et poursuit sa route.

Pas longtemps après, l'aigle fonce sur le lièvre et le dévore. Quelques minutes après, le vautour n'ayant rien manqué du spectacle, va se repaître à son tour des restes de l'animal.

Le jeune chasseur est furieux.

Le sorcier du village, à la recherche de plantes médicinales, arpente le canyon, et rencontre le jeune homme. Il dit alors au jeune indien : «

Pourquoi l'aigle et le vautour ont-ils réussi là où tu as échoué ? »

« Parce qu'ils ont eu cette chance que je débusque un lièvre pour eux ! »

« De la chance, crois-tu ? Pourquoi n'as-tu pas tué l'animal toi-même alors ? »

« Avec cette sécheresse les proies sont rares, et j'ai été ébloui par le soleil. Peut-être n'ai-je pas suffisamment d'expérience aussi. Et contrairement à moi, l'aigle n'en était manifestement pas à sa première chasse ! ».

« Je te l'accorde, tu as de belles excuses... Mais vois-tu, la seule différence entre toi et ces deux rapaces, c'est leur capacité à rester présent. Sur quoi penses-tu qu'ils se concentrent quand ils chassent une journée entière ? Sur le manque de gibier ? Sur leur famille qui les attend au nid ? Non, toute leur attention est centrée sur une seule chose : observer le paysage pour capter le moindre signe annonciateur d'une proie, afin de réagir au plus vite. Ils ne s'éloignent pas une seconde du moment présent. »

Le jeune chasseur en colère et pas convaincu s'éloigne.

Mais peu à peu, il finit par repenser aux longues heures de chasse qu'il passait enfant à suivre son père : des journées entières passées à l'affût, sans parler et sans bouger...

Le jeune chasseur décide alors d'essayer, mettant de côté l'image de sa famille affamée. Il avance en se concentrant uniquement sur la tâche à accomplir.

Au début ce n'est pas facile, des pensées le parasitent, et il doit souvent se rappeler à l'ordre.

Après des heures passées sous un soleil accablant, ce n'est qu'au crépuscule qu'il perçoit au loin un mouvement. Un renard sort de sa tanière, l'indien tire une flèche et atteint l'animal en plein cœur.

Vos 5 sens comme ancrage

Contrairement à ce que l'on peut penser, vivre le moment présent est assez simple. Il vous suffit de faire les choses en conscience. Et pour cela vous pouvez utiliser vos 5 sens :

1. La vue
2. L'ouïe
3. L'odorat
4. Le goût
5. Le toucher

Ces derniers sont en effet de puissants vecteurs qui permettent de vous ancrer facilement – et en pleine conscience – dans le moment présent.

C'est grâce à eux que vous pouvez apprécier la beauté d'un coucher de soleil, la caresse du vent, les bruits environnants, le parfum d'une fleur, la saveur d'un fruit, la douceur du pelage d'un animal que vous caressez... Ne serait-il pas dommage de laisser filer la grâce de ces instants qui représentent des bribes de bonheur ?

Pour être dans le moment présent lorsque vous faites une marche par exemple :

1. Soyez conscient de la sensation de vos pieds au sol, de votre respiration, de l'air ou des rayons de soleil qui caressent votre visage...
2. Prenez conscience aussi des sons qui vous entourent : le bruit du vent, le chant des

oiseaux, le bruissement des feuilles d'arbres dans le vent...

3. Cela peut aussi concerner les odeurs qui peuvent jalonner votre chemin : l'herbe fraîchement coupée, les fleurs...

Si vous vous concentrez au moins sur l'une de ces choses, vous êtes sur un bon chemin.

Pratiquez pour vous améliorer

Se recentrer sur le moment présent est à la portée de chacun, y rester est un peu plus compliqué. Cela requiert concentration, vigilance et discipline. Le secret est la pratique quotidienne pour apprivoiser votre mental. Ce dernier peut en effet être un précieux allié, mais aussi votre pire ennemi. Tout dépend de l'usage que vous en faites.

Les pièges du mental

Gustave Flaubert disait : « *L'avenir nous tourmente ; le passé nous retient. C'est pour ces raisons que le présent nous échappe* ». Et il avait totalement raison.

Le présent est le seul moment où vous pouvez semer des graines pour votre avenir karmique. C'est aussi l'instant où vous récoltez les fruits de vos pensées, émotions et de vos actions passées. Vous êtes aujourd'hui ce que vous avez pensé de vous hier. De même, vous préparez aujourd'hui, avec vos pensées et vos actes, ce que vous serez demain.

Être totalement aligné avec le moment présent est le meilleur moyen d'accéder au bonheur.

C'est l'instant où vous « ÊTES », tout simplement. Habituez-vous donc le plus souvent possible à vous détacher du mental en étant pleinement conscient de tout ce qui vous entoure.

Faites-en sorte que votre mental cesse son verbiage incessant car il adore ruminer le passé et s'inquiéter de l'avenir. Faire taire votre mental pour être pleinement ici et maintenant, permettra à votre esprit de s'éclaircir. Vous aurez un meilleur recul sur les situations que vous vivez, et serez plus apte à prendre les bonnes décisions.

En revanche, n'oubliez pas que votre mental tentera de réinvestir votre conscience, et fera tout pour vous déconcentrer. C'est donc un exercice de chaque instant, surtout au début, quand on n'y est pas habitué.

Suis-je sur la bonne voie ?

Pour vérifier si vous êtes sur la bonne voie, interrogez-vous sur votre bien-être intérieur. Si vous avez la sensation d'être plus serein, de vous ressourcer, alors vous êtes plus certainement dans le moment présent.

En étant pleinement dans ce que vous faites, les pensées parasites ne s'inviteront pas dans votre esprit.

Pensez toujours à deux constantes pour vous exercer : votre respiration et vos pieds.

Ce sont ces deux éléments qui vous permettront de vous ancrer et recentrer plus facilement dans l'instant présent.

C'est un peu comme entrainer un muscle, devenant plus fiable et robuste avec le temps. Ce comportement sera bientôt votre plus grand allié !

5 clés pour vivre l'instant présent

1. Se déconnecter pour se reconnecter

Si vous faites partie de ces personnes absorbées par leur écran, vous êtes débranché du moment dans lequel vous êtes présent physiquement. Votre corps est là, mais votre esprit est ailleurs.

SMS, Courriels, Facebook, Instagram, Twitter, notifications par milliers : vous êtes sans arrêt inondés d'informations. Ces sollicitations intempestives vous déconnectent de la réalité.

En éteignant votre smartphone, l'ordinateur, la télévision ou la radio, vous permettez à votre esprit de se recentrer, et de s'ancrer doucement dans le présent.

Si possible, devenez injoignable au moins une heure par jour. Vous favoriserez ainsi votre pleine présence dans l'instant. Peu à peu, essayez d'augmenter progressivement cette « pause ».

2. Respirer

Prenez le temps de respirer. Cela est simple, mais peu de gens le font. La respiration est la base de tout. C'est le seul moyen de se recentrer rapidement sur soi-même.

Le souffle, c'est la vie, et beaucoup de disciplines soulignent son importance : la médiation, le yoga, le tai-chi, la sophrologie, les arts martiaux, les sports en général etc.

Lorsque votre esprit se laisse happer régulièrement par des pensées, cela vous emporte émotionnellement dans un autre espace-temps que celui dans lequel vous vous trouvez. Fermez les yeux quelques instants, et observez simplement les mouvements naturels induits par votre respiration. Accueillez-les en toute quiétude, sans jugement.

Sentez l'air entrer dans votre corps, puis en sortir, puis y entrer à nouveau, etc.

Lorsque vous sentirez votre mental apaisé et reconnecté au présent, ouvrez les yeux.

3. Pratiquer une activité « douce »

Il s'agit de favoriser la synergie entre corps et esprit. Les activités citées ci-dessous permettent de vous reconnecter plus facilement avec le moment présent :

- Le Yoga
- Le Tai-Chi
- La méditation
- La sophrologie
- Le Qi gong

Qui plus est, vous déculperez leurs bénéfices en pratiquant quotidiennement.

4. Éviter le « multitâche »

Qui n'a jamais pris son repas sur un bout de table en appelant un ami au téléphone, ou devant la télévision ?

En étant multitâche, votre attention sur chaque action est diminuée. Que cela soit dans votre vie personnelle ou professionnelle, consacrez-vous pleinement à une activité à la fois. Plus vous vous focalisez sur une seule et unique action, plus vous êtes investi et attentif à ce qu'il se passe dans le moment.

5. Les feuilles d'ancrage

Certains événements nous stressent tant, que nous ne parvenons plus à apprécier le moment présent : un examen, un oral, un entretien d'embauche, une présentation professionnelle etc...

Dans ce cas, utilisez ce petit exercice de visualisation afin de retrouver votre ancrage plus rapidement.

Prenez 2 feuilles de papier.

- Sur la 1ère écrivez : « présent »
- Sur la 2ème écrivez : « futur »

Placez-les sur le sol en les séparant d'environ un mètre. Tenez-vous entre les 2 feuilles.

Les yeux fermés, concentrez-vous sur les sensations dans votre corps.

Que ressentez-vous ? Quelles sont les émotions qui vous traversent ?

Ensuite, placez-vous sur la feuille « futur ». Plongez-vous dans les circonstances de la situation qui vous angoisse. Quels sont vos ressentis ? Dans les cas où des sensations pénibles feraient surface, contentez-vous de les observer, sans jugement.

Puis, placez-vous sur la feuille « présent ». Imaginez maintenant que la situation qui vous effraie n'a pas lieu. Comment percevez-vous cet état de fait dans le présent ? Quels changements s'opèrent en vous ? Concentrez-vous dès à présent sur le soulagement ressenti.

L'idée n'est pas de faire l'autruche en masquant votre réalité. Le but de cet exercice est de renforcer votre aptitude à vous ancrer dans l'instant présent. Ainsi, vous serez davantage prêt à faire face aux épreuves quand elles se présenteront.

Arrêter et apprécier

Nous vivons une époque où tout s'accélère. Nous courons sans cesse, sans prendre vraiment le temps de rien. Cette routine pesante est le lot d'une grande majorité d'entre nous.

Nous sommes asphyxiés par notre quotidien, attendant avec impatience le week-end, les prochaines vacances, voire la retraite. De nombreuses personnes vont au travail en pensant déjà à rentrer, et rentrent en pensant à tout ce qu'elles doivent faire le lendemain. Le Dimanche est parfois imprégné d'angoisses liées au Lundi. Ce quotidien peut sembler si vide et ennuyeux, que nous le fuyons au travers de la télévision, des réseaux sociaux, des jeux vidéo, de l'alcool etc.

Pourquoi ?

Parce que nous avons le sentiment de ne pas avoir de prise sur le présent.

Pourtant une foule de choses peut être source de joie, comme le simple fait de se sentir vivant et en santé, pleinement ici et maintenant, en chaque circonstance. Encore faut-il s'arrêter pour apprécier l'instant présent, et de ce fait, mieux le reconsidérer.

Chapitre 10
La Loi du Changement

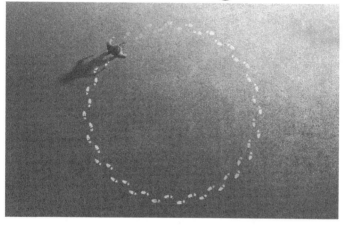

« *La folie, c'est se comporter de la même manière et s'attendre à un résultat différent.* » - *Albert Einstein*

Il est impossible de progresser sans intégrer les leçons que la vie nous envoie. Si vous ne le faites pas, les choses empirent, au risque d'entrer dans un « mauvais cycle karmique ».

Tant que les enseignements de vie ne sont pas assimilés, l'Univers vous amènera – à quelques différences près, et de manière plus intense – le même type d'épreuves, frustrations, défis. Et c'est uniquement en prenant conscience de ces leçons, que vous vous engagez activement à changer votre Karma.

La **Loi du Changement** nous enseigne donc que **la seule erreur est de ne pas apprendre de ses erreurs.**

La même blague

Dans une petite ville, tout le monde vient voir un vieux sage, la majorité pour se plaindre constamment des mêmes problèmes. Ayant entendu maintes fois les mêmes lamentations, le sage décide un soir de rassembler tout le monde sur la grande place.

Il reste silencieux pendant un long moment avant de raconter une blague qui fait rire toute l'assemblée.

Après quelques minutes, il la répète. Cette fois-ci, seules quelques personnes sourient.

Peu après, le sage raconte de nouveau la même histoire qui, au final, ne fait plus rire personne.

Il dit alors à l'assemblée : « *Vous ne pouvez pas rire de la même plaisanterie à plusieurs reprises. Alors pourquoi pleurez-vous toujours des mêmes choses ?* »

« Soyez assez grand pour admettre vos erreurs, assez intelligent pour apprendre de celles-ci, et assez fort pour les corriger. »

Une question de perspective

Avant toute chose, il est essentiel de comprendre qu'il n'y a pas d'échec, il n'y a que des expériences.

Mais comment peut-on apprendre de chaque expérience que nous vivons ?

Tout est question de perspective, et cela dépend de ce que vous entendez par « échec ».

Ce mot a une connotation lourde et définitive, un peu comme un bulldozer qui viendrait anéantir définitivement tous vos efforts. Comme si l'échec empêchait de recommencer et de réussir.

Cependant, en envisageant la vie comme une expérience permettant d'apprendre – afin d'acquérir un niveau de conscience plus élevé – vos défaites vous sembleront moins amères.

Si vous pensez que tout ce que vous expérimentez n'existe que pour vous permettre de grandir, vous changez définitivement votre vision des choses, ainsi que votre avenir.

Les mêmes schémas

Si la vie continue de vous envoyer les mêmes situations, il y a clairement quelque chose à comprendre.

- Vous attirez toujours le même type de relations ?
- Avec votre partenaire, vous vous disputez toujours à propos des mêmes sujets.
- Vous tombez toujours sur des employeurs qui ne reconnaissent pas votre travail et vos compétences ?
- Vous vous faites toujours avoir ?

Tant que vous n'aurez pas compris, la vie vous resservira le même « plat » et votre Karma n'évoluera pas d'un iota.

La clé de la réussite

Quelle est la clé pour réussir ?

C'est simple : ne jamais abandonner et faire les apprentissages nécessaires pour la suite. Cela demande :

- De la remise en question
- De l'introspection

- De la détermination
- Du courage

Mais il ne tient qu'à vous de maintenir le cap et de ne rien lâcher.

Voyez vos « échecs » comme des alliés, des signaux guidant et éclairant votre chemin. Les défaites ne sont pas là pour vous enterrer vivant et vous empêcher d'être heureux. Ne les voyez donc pas comme les nuisibles de l'histoire, mais comme des panneaux vous indiquant qu'il y a un meilleur chemin pour vous, celui de la réalisation de votre potentiel.

Savoir retenir la leçon

Je ne suis pas en train de vous dire que vous n'avez pas le droit d'être triste, en colère, déprimé... Ces émotions dites « négatives » font partie de la vie, et il est tout à fait normal de les ressentir.

Nous avons parfois besoin d'un temps d'acceptation, de recueillement, d'introspection avant de pouvoir remonter en selle. Cela fait partie du processus. Le tout est de ne pas s'embourber.

Acceptez les moments plus douloureux et pansez vos plaies. Mais gardez toujours en tête que cette situation a été mise sur votre chemin pour vous apprendre quelque chose.

Si vous portez votre attention sur l'apprentissage et pas que sur l'échec, vous ferez de cette situation une expérience constructive.

Prendre le temps d'analyser ses erreurs et défaites, c'est se donner les moyens de les surmonter.

Les personnes qui ont réussi vous le diront : la route du succès est jalonnée de déceptions, de faux départs et de confusions.

Ce qui différencie ces personnes, c'est d'avoir su tirer les leçons de leurs expériences, en ayant conservé la volonté de poursuivre malgré tout.

Au lieu de se laisser abattre par les nombreux revers qui constituent parfois la rançon de l'ambition, elles ont appris à rebondir, transmutant les épreuves en véritable force ! Imaginez un monde où tout serait donné, où vous n'auriez nul besoin de faire d'effort pour réussir : une perspective un peu ennuyeuse, non ?

Quelles sont les leçons que je peux tirer de ma vie ?

Pour trouver des réponses à cette question, il vous faut prendre le temps de dresser un bilan de vos expériences passées. Accordez-vous cette pause, ce

« flash-back », car même si cela peut s'avérer inconfortable et douloureux, le but en vaut la peine.

Pour ce faire, demandez-vous quels ont été les épisodes marquants de votre vie jusqu'ici.

- Face aux événements négatifs, auriez-vous pu faire différemment pour les éviter ou pour surmonter les obstacles ?
- Arrêtez-vous aussi sur les faits positifs, les succès, les moments d'intense bonheur, et regardez comment vous y avez contribué, quel était votre état d'esprit (en effet, la vie donne aussi des leçons agréables).

Interrogez-vous aussi sur ce qui – dans votre vie – vous a amené là où vous êtes aujourd'hui. En êtes-vous là parce que :

- Vous avez fait des choses que vous n'auriez pas dû faire ?
- Vous avez fait des choses qui au contraire ont été bénéfiques ?
- Savez-vous ce qui motive vos choix la plupart du temps ?

De manière générale, si vous aviez à recommencer certaines étapes de votre vie, que feriez-vous différemment ?

Enfin, quel enseignement pouvez-vous tirer de tout cela ?

Lorsque vous aurez dressé votre bilan et répondu à ces questions-clés, examinez votre vie aujourd'hui et demandez-vous :

« Est-ce que dans la façon dont je mène ma vie, j'applique les leçons tirées de mes expériences passées ? »

Dans cet examen, ne négligez aucun aspect de votre existence :

- Vos relations
- Votre travail
- Votre famille
- Votre santé
- Vos finances, etc...

Confrontez-les au bilan que vous faites de vos expériences. Vous trouverez certainement des clés qui vous permettront d'améliorer votre vie actuelle.

Pour terminer, **prenez deux engagements pour l'avenir.** Décidez que, dès aujourd'hui, vous allez :

<u>Premier engagement</u> : Gardez à l'esprit les leçons que la vie vous a enseignées, et que vous avez mises en lumière en dressant votre bilan. Elles serviront vos actions et futures décisions.

Deuxième engagement : Vous questionner à la prochaine épreuve que vous subirez, pour tenter de comprendre quelle leçon de vie cette situation peut vous apporter.

Vous ne serez peut-être pas parfait dans la mise en œuvre de ce double engagement, mais soyez assuré que vos efforts vous feront progresser, et vous en sortirez grandi.

Pour finir, rappelez-vous du plus important : en ignorant les leçons que la vie cherche à vous enseigner, vous vous condamnez à les voir se reproduire encore et encore, et avec davantage d'intensité à chaque fois, jusqu'à ce que vous compreniez.

Ne pas tenir compte des enseignements de son existence, c'est un peu comme se frapper la tête contre un mur une première fois, en espérant que la deuxième ne fasse pas mal.

> « Grandir, c'est apprendre de ses erreurs pour avancer dans le bon sens. »
>
> DAVID G. ALLEN

Chapitre 11
La Loi de la Patience et de la Récompense

« *Adopte le rythme de la Nature, son secret est la patience.* » - Ralph Waldo Emerson

Les bonnes choses arrivent toujours à ceux qui connaissent la valeur de la patience, font preuve d'application, d'effort et de motivation.

Comprenez qu'entre « planter et récolter », il y aura toujours l'étape « arroser et attendre ».

Vous savez tous marcher ou écrire, pourtant vous n'avez pas acquis ces mécanismes du jour au lendemain. C'est la même chose lorsque vous apprenez à conduire, quand vous lisez une notice pour monter un meuble, ou cuisinez une recette étape par étape pour élaborer un bon plat...

Tout prend du temps, du plus banal au plus grandiose, et il est important de le comprendre dès aujourd'hui. Lorsque vous ferez face au doute, rappelez-vous cela ; et retenez que tout ce qui en vaut la peine prend du temps.

C'est ici la base principale de la **Loi de la Patience et de la Récompense.**

Tout vient à point à qui sait attendre

Toute récompense arrivera en temps voulu. Le temps se charge de pousser les portes du succès, à quiconque continuera d'essayer de les ouvrir.

Arrivera donc le moment où vos rêves se réaliseront. **Cela est une certitude**. Ayez foi en vous et en l'Univers. Vous devez simplement vous rappeler d'être patient, et de garder éveillées toutes vos espérances.

Un art que l'on ne vous a pas enseigné

Personne ne vous a appris lorsque vous êtes venus au monde, que les choses n'allaient pas toujours se passer comme vous le désirez.

Personne ne vous a dit que, même si vous donnez le meilleur de vous-mêmes, les événements ne se plieront pas forcément à votre volonté.

La patience n'est pas quelque chose d'innée, c'est plutôt un art qui demande de la pratique, une dose de déceptions et d'expériences de vie.

Et ce n'est malheureusement pas une notion que vous retrouverez dans les manuels scolaires.

Être patient demande par-dessus tout de ne pas abandonner. Si une chose ne se déroule pas comme vous le souhaitez, ne perdez pas de vue la récompense. La patience est avant tout faite de calme et de confiance.

- Être patient c'est savoir observer, réfléchir en silence et étudier son environnement.

- Si vous n'êtes pas capable de vous détacher du bruit extérieur, des pensées négatives et des opinions défaitistes d'autrui, vous ne parviendrez jamais à accomplir vos rêves.

CHAPITRE 11 : LA LOI DE LA PATIENCE ET DE LA RÉCOMPENSE

- Être patient demande également une certaine sagesse qui permet de développer votre intuition. Celle-ci vous montrera plus facilement les chemins à emprunter et à éviter.

Si vous avez un rêve, vous ne devez en aucun cas laisser le fatalisme d'autrui prendre le dessus. Vous avez sûrement déjà entendu des phrases comme :

- « *Cela n'est pas fait pour toi* »
- « *Il est trop tard pour commencer* »
- « *Arrête de rêver, garde les pieds sur Terre* »

Les personnes patientes savent qu'il ne faut pas se démoraliser. Et même si elles sont sur le quai à attendre le train, celui-ci finira par arriver.

Sachez d'ailleurs que toute attente vaut la peine car elle vous permet de développer certaines aptitudes comme : la persévérance, le courage, la résilience et l'espoir.

L'ère de la satisfaction immédiate

Malheureusement, les occasions de pratiquer et cultiver la patience au quotidien sont de plus en plus difficiles à saisir.

Selon le psychologue Russell Thackeray, « *les gens s'organisent pour toujours avoir une satisfaction immédiate* » en raison de notre culture de la commodité.

En effet, le monde moderne répond à nos besoins comme jamais auparavant.

Dans le passé, chaque aspect de la vie prenait plus de temps. Les gens avaient l'habitude d'attendre parce qu'ils y étaient obligés.

Aujourd'hui, il est possible d'avoir la réponse à nos questions en quelques clics. Nous pouvons également commander pratiquement tout ce que nous désirons sur Internet.

Désormais, une page Web qui prend plus de dix secondes à charger semble être une éternité. Même se lever pour prendre notre carte de crédit afin de payer une commande en ligne peut sembler être une contrainte.

Le Dr Thackeray ajoute : « *Je pense qu'il nous est si difficile de retarder la gratification en raison des normes sociales qui sont créées. Cela renforce l'idée que nous n'avons pas besoin d'attendre pour quoi que ce soit.* »

Qui souhaite réellement attendre ? Personne. Cependant, il est parfois nécessaire d'être forcé de

CHAPITRE 11 : LA LOI DE LA PATIENCE ET DE LA RÉCOMPENSE

le faire. Les obstacles peuvent entraver et ralentir vos plans, mais ils peuvent aussi vous donner l'occasion de faire une pause, de reconsidérer, réévaluer la situation. Cela peut vous permettre de prendre des chemins que vous n'auriez jamais pris, en vous donnant des idées que vous n'auriez jamais envisagées autrement.

« Grâce à la patience, nous acquérons de la perspective et de la perspicacité. Construire une gamme de produits, développer une entreprise, établir des relations, toutes ces choses demandent du temps avant de pouvoir fonctionner et évoluer », dit le Dr Thackeray

En cultivant la patience, chaque obstacle devient une occasion d'observer calmement la situation, et de réfléchir à votre prochaine action. D'ailleurs, dans certains cas, la meilleure chose à faire est peut-être de ne rien faire du tout. Un sage disait cette phrase que j'affectionne particulièrement : *« il est parfois urgent d'attendre. »*

Parfois, les choses ont juste besoin de temps pour se dérouler. Cependant, la patience ne doit jamais être confondue avec la procrastination ou l'oisiveté, qui ne mettent pas l'accent sur l'attente, mais sur une totale absence d'action. Ici, l'intention et l'énergie y sont totalement différentes.

L'huître et la perle

Comment l'huître s'y prend-t-elle pour fabriquer une perle ?

Tout commence à partir d'un grain de sable qui s'introduit dans sa coquille. Ce dernier représente une gêne pour l'huître, et cela l'irrite. Comment s'en débarrasser ? Lorsque l'huitre ne parvient pas à se défaire de ce corps étranger, elle a la capacité de l'envelopper de nacre, de façon à ce qu'il devienne lisse, poli, velouté.

Après un lent processus et de la patience, elle a vaincu une difficulté, faisant d'un obstacle une jolie perle.

Nous pouvons tirer de cela un bel enseignement. Avec de la patience, de la persévérance et de la résilience, vous pouvez obtenir des richesses inouïes.

Alors désormais, quand sur le chemin de vos rêves se présentera un obstacle, réjouissez-vous en disant :

« *Quelle chance, encore un grain de sable. Voilà une nouvelle perle en perspective !* »

Votre état d'esprit

Lorsque vous êtes pressé, l'attente peut être particulièrement frustrante et agaçante. Cela peut vous donner l'impression que l'Univers refuse de coopérer, gaspillant du temps que vous n'avez pas, avec des soucis dont vous n'avez pas besoin. Dans ce genre de situations, vous pouvez dire ou faire des choses que vous regretterez sans doute plus tard.

Mais la patience nous enseigne une leçon précieuse : **lorsque les circonstances sont hors de votre contrôle, il est temps de vous concentrer uniquement sur ce que vous pouvez contrôler.**

Un état d'esprit patient vous donne le pouvoir d'aborder les obstacles et revers de façon plus calme et plus efficace.

La patience et la confiance

La patience est souvent comparée à la pleine conscience. Ces deux concepts demandent de vous concentrer sur la vie dans le moment présent, plutôt que sur l'agenda présent dans votre tête.

La patience fait aussi appel à une autre qualité très importante : **la confiance**.

Selon Rob Bell, entraîneur en psychologie du sport, et auteur de plusieurs livres sur la culture de la résistance mentale, les gens deviennent impatients parce qu'ils craignent que les choses ne marchent pas.

« Ils pensent que pour réussir, ils ont besoin de tout, tout de suite. Mais si vous me montrez un athlète compétent, je vous montrerai quelqu'un de patient. Parce qu'ils sont confiants que le succès sera au rendez-vous, ils ne savent tout simplement pas quand cela va se produire », dit-il.

Pour beaucoup d'entre nous, il est difficile de faire confiance au processus quand nous ne voyons pas les résultats immédiatement.

Kyle Hoffman, entraîneur et expert en conditionnement physique, affirme que ses clients se fâchent souvent lorsque son régime alimentaire et ses programmes d'entraînement ne créent pas de changements assez rapides.

« *Quand cela se produit, ils sont prompts à me pointer du doigt ou à abandonner complètement* », affirme-t-il.

Si nous manquons de patience, nous pouvons même ne pas voir les progrès déjà réalisés. Pourquoi ? Tout simplement parce que l'on s'attend souvent à un changement spectaculaire du jour au lendemain.

Mais selon M. Hoffman, la façon la plus rapide d'aider un client frustré à développer sa patience est de lui montrer qu'il est sur la bonne voie.

« *En leur donnant une petite victoire qu'ils peuvent expérimenter ou voir, cela leur rappelle que chaque étape du processus est nécessaire et que des temps meilleurs sont sur le point d'arriver.* »

Si vous prenez pleinement conscience qu'un peu d'encouragement extérieur peut aider à prendre confiance, n'hésitez pas à le faire avec ceux qui vous entourent. Encouragez-les ! Montrez-leur qu'ils sont sur la bonne voie.

Non seulement vous sèmerez du positif autour de vous, mais vous vous rendrez compte, en effet, que tout vient avec le temps.

Développer la patience par la pratique

Certaines personnes semblent faire preuve d'une patience sans limites, tandis que d'autres perdent leur sang-froid au moindre désagrément.

Heureusement, la pratique permet d'améliorer ce point.

Nickia Lowery, conseillère professionnelle certifiée en gestion de la colère, le confirme : personne ne naît avec la patience.

En effet, notre instinct de base est de satisfaire avant tout nos besoins. La capacité d'attendre est donc un comportement acquis durant l'enfance.

« *Si vous avez été élevé en ayant toujours eu tout ce que vous voulez, vous ne serez probablement pas aussi patient que quelqu'un qui a dû attendre avant de satisfaire ses besoins et désirs* », dit-elle.

« *Par contre, si vous n'avez jamais eu ce que vous vouliez, cela peut conduire à des sentiments de ressentiment et de rébellion.* »

Une bonne attitude est donc déterminante. L'ingratitude, la colère et la méchanceté n'ont jamais rien apporté de bon à qui que ce soit.

Et même s'il est préférable de cultiver la patience lorsque l'on est jeune, celle-ci peut s'apprendre, et jouer un rôle positif, à tout âge.

Voici donc quelques pistes qui vous permettront d'être en accord avec la loi karmique de la Patience et de la Récompense.

Il y a les techniques qui s'appliquent à chaud. Elles permettent de faire redescendre la pression quand vous sentez l'impatience monter en vous. Et puis il y a d'autres techniques, destinées à développer la patience sur le long terme. Elles vous aident à travailler sur vous-même en renforçant cette vertu en vous.

Voyons ces techniques dès maintenant.

1. Exercice simple de respiration

L'impatience est avant tout une réaction physique se traduisant par plusieurs réactions :

- Vous vous crispez
- Vos muscles se tendent
- Votre rythme cardiaque s'accélère

Respirer profondément est le meilleur moyen de relâcher la pression sur le moment. C'est une manière de vous détendre en revenant à plus de calme.

Inspirez pendant 4 à 5 secondes et expirez pendant 7 à 8 secondes en répétant cela autant de fois que nécessaire. Rapidement, votre rythme cardiaque ralentit, vos muscles se détendent, et vous parvenez mieux à prendre de la distance avec la situation.

2. Créez une interruption ludique

Dans un aéroport, en attendant l'heure d'embarquer dans l'avion, une annonce nous apprend que le départ sera différé de deux heures en raison d'un problème technique. Toutes les conditions étaient réunies pour être impatient. En observant autour de moi, je constate que les visages se crispent, les plaintes commencent à fuser, les uns soupirant, les autres tapant du pied en accusant la compagnie...

Quelques minutes passent et soudain, dans le chaos de la salle d'embarquement, la voix suave d'une hôtesse lance un message audible dans tout l'aéroport : « *La compagnie aérienne* – celle incriminée par les plaignants - *vous souhaite de passer un agréable voyage sur toutes nos lignes* ».

La situation était en tel décalage avec le message, que c'en était cocasse. Cela n'a pas manqué de faire rire quelques personnes qui ont ironisé sur la situation, alors que quelques minutes auparavant, c'était plutôt tendu !

Sans le vouloir, le message avait créé une interruption dans le comportement des gens. En quelques secondes, des dizaines de personnes sont passées de l'impatience à un sentiment d'amusement et de décrispation.

Cette expérience prouve que créer une forme d'interruption, est une manière assez rapide de tuer l'impatience. Utiliser l'humour est un bon moyen, entre autres. Essayez de rompre le sentiment d'impatience avec quelque chose qui vous amuse ou vous fait vous sentir bien. Écoutez un podcast, visionnez une vidéo etc...

En somme, recentrez-vous sur ce qui vous procure du plaisir. En déplaçant votre focus sur autre chose, vous retrouvez immédiatement plus de calme et de sérénité.

3. Redéfinir ses attentes

Vous devenez impatient lorsque votre réalité ne répond pas à vos attentes. Cela est d'autant plus vrai lorsque ces dernières sont irréalistes.

Par exemple : Si vous lancez une affaire en imaginant faire 5 000 000 € de chiffre d'affaires dès la première année, alors que vous n'avez aucune expérience, il y a de fortes chances que vous soyez déçu de vos résultats. Et **cette déception alimentera votre impatience.**

Pour éviter d'être déçu – et donc impatient – il vous faut parfois redéfinir vos attentes. Fixez-vous des objectifs certes ambitieux, mais avant tout réalistes.

4. Reconnaître vos déclencheurs

Nous sommes tous différents quand il s'agit d'impatience. Ce qui déclenche un sentiment d'impatience chez l'un, n'aura pas forcément d'incidence pour un autre.

Pour cela, repensez aux sources de votre impatience :

- Était-ce le retard d'une personne avec qui vous aviez rendez-vous ?
- Un embouteillage ?
- Une tâche qui vous a pris plus de temps que prévu ? etc...

Il est important de savoir ce qui vous impacte le plus pour mieux pouvoir l'anticiper.

5. Cultiver la pleine conscience

Des études sur la façon de pratiquer la pleine conscience ont été menées sur des enfants, afin de les aider à devenir plus patients.

Lors d'un programme, l'enseignant a fait pratiquer des exercices de pleine conscience, à des enfants de maternelle, pendant environ 10 – 30 min chaque jour. Au bout de 6 mois, les enfants se sont montrés beaucoup plus calmes et patients.

Cette expérience montre que la pleine conscience est un moyen efficace pour développer la patience.

Voici quelques idées d'exercices :

Posez-vous 10 min au calme, et observez attentivement votre respiration. Sentez l'air entrer dans vos narines et dans vos poumons, puis en ressortir.

- Portez votre attention sur vos pensées : observez-les surgir et disparaître. Accueillez-les, sans jugement, laissez-les vous traverser par ces pensées, sans les ressasser, pour ne pas vous laisser emporter. Gardez une place d'observateur, un peu comme si vous étiez sur un trottoir en regardant les gens passer devant vous. L'idée est de se détacher pour prendre de la hauteur.

- Porter votre attention sur l'instant présent : balayez du regard le paysage qui vous entoure, en observant toutes les couleurs, les ombres et lumières, les sensations dans votre corps. Soyez présent à vous-même quand vous faites les choses : marcher, prendre une douche, manger...Nombreuses sont les occasions de pratiquer la pleine conscience. Il faut juste ne pas se laisser embarquer par ses pensées, ni être absorbé par un écran par exemple, lorsque vous faites quelque chose. Il s'agit de s'ancrer dans le présent en portant pleinement votre attention sur vos ressentis. Sentez l'eau glisser sur votre corps en prenant une douche ; prenez le temps d'apprécier les saveurs qui parcourent votre palais lors de votre repas...Ces petits exercices vous permettent de ralentir le rythme et rester plus présent.

CHAPITRE 11 : LA LOI DE LA PATIENCE ET DE LA RÉCOMPENSE

« La patience, c'est accepter calmement que les choses arrivent, dans un ordre parfois différent de celui qu'on espérait. »

DAVID G. ALLEN

Chapitre 12
La Loi de l'Importance et de l'Inspiration

« *Le fondement de toute pratique spirituelle est l'amour.* »

La **Loi de l'Importance et de l'Inspiration** indique que la véritable valeur d'une chose résulte de l'intention, l'énergie et l'effort qui y sont consacrés.

Cette loi vous invite donc à **faire tout ce que vous faites avec amour**. Ainsi, vous utilisez le plus grand pouvoir de l'Univers, ouvrant à vous des possibilités jusqu'ici insoupçonnées.

Le pouvoir de l'amour

Avant tout, comprenez que l'amour est beaucoup plus qu'un simple sentiment. C'est une force positive.

L'amour vous pousse vers l'avant, vous sublime et vous donne l'énergie de vous surpasser. Il intensifie tous les bons côtés de la vie et amoindrit les mauvais.

Les personnes ayant un Karma positif sont souvent empreintes de cette force d'amour.

C'est aussi une ouverture de cœur et de conscience, que nous vivons tous au-delà de nos différences culturelles. L'amour inspire depuis toujours les artistes du monde entier, et nombre d'œuvres - écrites, chantées, dansées - ont été créées pour le célébrer.

Si vous souhaitez changer la qualité de votre existence, il vous suffit d'intégrer plus d'amour dans chacune de vos actions.

Vivre dans la vibration de l'amour

Lorsque vous vivez dans la vibration de l'amour, votre être résonne à une fréquence élevée.

Dès lors, vous vous exprimez à travers les plus belles émotions de l'Univers : compassion, tolérance, respect, générosité, pardon, joie, paix - tout ce qui inspire, vous élève, améliore votre vie et votre Karma.

La vibration de l'amour vous hisse également à un état de conscience supérieur, et vous libère des pensées, sentiments et actions qui vous minimisent et vous victimisent.

Elle a le pouvoir d'influencer votre vie entière, mais aussi celle d'autrui, dans tous les domaines :

- Santé
- Relation
- Finance
- Travail etc...

Par chance, cette force positive se trouve déjà en chacun de nous - sans exception.

Lorsque vous êtes vraiment aligné avec la vibration de l'amour, les signes ne trompent pas : vous vous sentez connecté à TOUT, en accord avec les choses et personnes qui vous entourent. Un sentiment de plénitude vous anime, et rien ne peut vous atteindre.

Soyez authentique dans vos actes et mettez-y toujours de l'amour, vous verrez que la qualité de votre vie va littéralement changer.

Faire le bon choix

Mais si l'amour est en vous, et que vous avez le pouvoir d'influencer votre existence, pourquoi alors votre vie n'est-elle pas exceptionnelle ? Pourquoi n'avez-vous pas toujours pu réaliser tout ce que vous vouliez faire ? Pourquoi n'êtes-vous pas chaque jour rempli de joie ?

La réponse est simple : **parce que vous avez le choix**.

Vous avez le choix d'aimer et d'apprivoiser cette force positive – ou non. Et que vous en soyez conscient ou pas, vous faites ce choix chaque jour – à chaque instant de votre vie.

Chaque fois, sans exception, que vous avez vécu quelque chose de désagréable, vous n'avez pas utilisé la force positive de l'amour, ce qui a eu pour conséquence de générer de la négativité. N'oubliez pas que celle-ci n'aide pas à vous construire un meilleur avenir karmique.

Malheureusement, il ne fait aucun doute qu'un manque de connaissance et de compréhension du pouvoir de l'amour caractérise un très grand nombre de personnes.

Les 3 personnes âgées

Un matin, une femme aperçoit trois vieux sages assis à quelques mètres devant chez elle. Faisant preuve de gentillesse, elle leur dit :

« Bonjour Messieurs, vous semblez venir de loin et avez l'air épuisé. Puis-je vous offrir quelque chose à boire ou à manger ? »

« Merci de votre proposition Madame. Mais avant tout nous aimerions savoir si votre mari est là ? » demande un des sages.

« Malheureusement, il est de sorti. Je suis seule avec ma fille », répondit-elle.

« Tant que votre époux ne sera pas rentré, nous ne pouvons accepter votre invitation » ont-ils répondu.

Lorsque son mari rentre à la maison le soir, elle lui raconte.

« Va leur annoncer que je suis à la maison et invite-les à nous rejoindre ! » dit-il à sa femme.

La femme sort et invite les 3 sages à entrer.

« Nous n'entrons jamais ensemble dans une maison, il faut faire un choix » répondent-ils.

« Son nom est RICHESSE », dit-il en désignant un de ses amis, *« lui c'est SUCCÈS et moi je suis AMOUR. »*

Et il ajoute :

« *Voyez avec votre mari lequel d'entre nous vous souhaitez faire entrer dans votre maison.* »

L'épouse rapporte les propos des vieux sages à son mari.

« *Puisque nous avons le choix, invitons RICHESSE* », répond le mari. Sa femme conteste et demande :

« *Et pourquoi pas inviter SUCCÈS ?* »

Leur fille entend la conversation, et saisit l'occasion de faire sa propre suggestion.

« *Ne serait-il pas mieux d'inviter AMOUR ? La maison sera alors remplie d'amour !* »

« *Prenons en compte l'avis de notre fille* », dit le mari.

Elle sort et demande aux trois sages :

« *Lequel d'entre vous est AMOUR ? Je vous en prie, entrez et soyez le bienvenu.* »

AMOUR se lève et se dirige vers la maison, suivi de près par les deux autres. Étonnée, la femme dit à RICHESSE et SUCCÈS :

« *J'ai seulement invité AMOUR. Pourquoi venez-vous aussi ?* »

Les sages lui répondent alors ensemble :

« *Si vous aviez invité RICHESSE ou SUCCÈS, deux d'entre nous seraient restés dehors, mais puisque vous avez invité AMOUR, partout où il va, nous allons avec lui. Car retenez que là où il y a de l'Amour, il y a aussi de la Richesse et du Succès.* »

7 façons de mettre plus d'amour dans votre vie

On peut trouver des moyens assez simples d'être en conformité avec la Loi de l'Importance et de l'Inspiration.

1. Aimez-vous d'abord

Avant de pouvoir partager l'amour avec autrui, il faut d'abord le ressentir soi-même. Cela signifie que vous devez mettre en place des pratiques et routines qui vous aident à aimer sincèrement qui vous êtes.

Essayez de passer du temps avec vous-même – au moins une fois par semaine – à faire une chose pour vous et rien que pour vous !

Par exemple, vous pouvez :

- Vous prélasser dans votre café préféré avec un bon livre

- Faire une promenade en pleine nature
- Visiter une galerie d'art ou un musée qui vous inspire
- Prendre soin de vous (les exemples ne manquent pas)
- Assister à un concert
- Regarder un film ou une série qui vous plaît
- Méditer
- Exprimer la part artistique qui est en vous par de la création

Pendant que vous passez ce temps avec vous-même, concentrez votre intention sur le fait de vous aimer vraiment. Remplissez-vous d'énergie et de sentiments positifs. Plus vous vous concentrez sur la vibration de l'amour, plus vous rayonnez en attirant l'amour d'autrui en retour.

2. Faites ce que vous aimez

En tant qu'être d'énergie, vous avez le pouvoir de créer tout ce que vous pouvez imaginer. De la même façon, la vie est comme un boomerang : tout ce que vous émettez est ce que vous recevrez en retour. Par conséquent, mettre une énergie terne dans quelque chose, ne donnera que des résultats insignifiants. D'où l'intérêt de concentrer plutôt votre énergie sur des projets qui vous passionnent. Chaque fois que vous faites ce que vous aimez, vous y apportez la vibration de l'amour qui vous revient de façon amplifiée. Cela est d'une importance capitale car lorsque vous aimez ce que vous faites, même les choses les plus difficiles peuvent sembler sans effort. D'ailleurs, Confucius ne disait-il pas : « *choisissez un travail que vous aimez et vous n'aurez pas à travailler un seul jour de votre vie* ».

Commencez donc par dresser une liste de ce que vous aimez faire. Concentrez-vous sur ce à quoi vous êtes prêt à donner le temps et l'énergie nécessaires, pour vous manifester en quelque chose de plus grand. Les vibrations puissantes de l'amour peuvent vous emmener très loin !

3. Reconnaissez vos obstacles à l'amour

Le poète et philosophe Rûmî a écrit : « *Votre but n'est pas de chercher l'amour, mais simplement de trouver en vous toutes les barrières que vous avez construites contre lui* ».

Que vous en soyez conscient ou non, il y a peut-être en vous des obstacles vous empêchant de donner et recevoir de l'amour : une blessure ou trahison du passé ?

Prenez le temps d'y réfléchir. En écrivant sur papier vos expériences avec l'amour, ce que vous ressentez à l'idée d'en donner ou d'en recevoir, vous commencez déjà ce travail sur vous. Une fois que vous aurez identifié vos barrières internes, il sera plus facile de mettre en œuvre les moyens de surmonter voire guérir vos blessures. C'est une étape importante si vous voulez approfondir votre capacité à véritablement aimer les autres.

4. Pratiquez la méditation de l'amour bienveillant

Aussi appelée « Metta », la méditation bouddhiste de l'amour bienveillant est principalement un mantra centré sur le cœur. Celui-ci nous invite à aimer toutes les parties de nous-mêmes, pour étendre cet amour à un cercle d'êtres de plus en plus large.

Voici les cinq phrases du mantra à répéter quotidiennement :

- Que je sois en paix.
- Que mon cœur soit ouvert.
- Que je puisse réaliser la beauté de ma vraie nature.
- Que je puisse guérir.

- Que je sois une source de guérison pour ce monde.

Ensuite, remplacez le « *je* » de chaque phrase par « *vous* », et utilisez la bénédiction pour envoyer de l'amour à quelqu'un d'autre.

5. Donnez pour l'amour du don

Cette partie a déjà été abordée dans la Loi du Don et de l'Hospitalité. Cependant, il est important de rappeler que l'un des meilleurs moyens d'apporter plus d'amour dans votre vie est de donner un peu de votre temps, de votre énergie à ceux qui en ont besoin.

Pour cela, vous pouvez soutenir les plus vulnérables dans votre entourage, ou même vous lancer dans le bénévolat : aider les sans-abris, s'investir auprès des personnes âgées, pour la protection de l'environnement ou un refuge pour animaux... Nombreuses sont les occasions de partager votre amour avec autrui.

Lorsque vous donnez de vous-même sans rien attendre en retour, vous découvrez que vous êtes béni par l'Univers de nombreuses façons. La vibration de l'amour résonnera librement à travers votre être. Puis, vous commencerez à drainer d'autres personnes dans votre vie, attirées par votre vibration aimante et généreuse.

6. Trouver l'amour dans chaque situation

En ouvrant votre cœur à l'amour et en développant votre capacité à l'exprimer, vous commencerez à le voir partout où vous irez. L'amour peut alors devenir une attitude par défaut, de sorte que vous le choisirez chaque fois que vous serez dans une situation d'incertitude.

Par exemple :

- Si un conflit survient avec des collègues ou un ami, choisissez la solution qui implique le plus d'amour.
- Si vous êtes confronté à un obstacle et devez décider quoi faire, laissez l'amour vous guider.

En vous exerçant à incarner l'amour de diverses manières dans votre vie, vous devenez un être lumineux, et votre présence s'en trouve grandie.

L'amour dont le monde a besoin est là, en vous, il vous suffit simplement de l'exprimer.

Devenez une source d'inspiration

Les sociologues disent que même la personne la plus introvertie influencera au moins 10 000 personnes durant sa vie. Nous nous influençons tous les uns les autres, de tous les types de façons. Que cela soit positif ou négatif.

Alors, demandez-vous ce que les gens perçoivent en vous ?

Voient-ils quelqu'un qui les élève vers ce qu'ils ont de meilleur en eux ? Ou voient-ils quelqu'un qui diminue leur énergie ?

Napoleon Hill, célèbre auteur américain disait : *« Réfléchissez deux fois avant de parler car vos mots et votre influence peuvent planter autant les graines du succès que celles de l'échec dans l'esprit d'autrui. »*

Vous le savez, un jour votre vie s'arrêtera. Alors, pour quelles raisons voulez-vous que l'on se souvienne de vous ? Quelle empreinte voulez-vous laisser dans ce monde ?

Devenez une source d'amour et d'inspiration pour ceux que vous rencontrerez.

Soyez d'une influence rayonnante, en mettant à profit vos plus belles qualités pour inspirer autrui. C'est plus facile que vous ne le croyez. Il s'agit simplement de multiplier les petits gestes empreints d'amour.

Peu importe où vous êtes ou ce que vous faites, soyez de ces personnes qui laissent briller leur lumière. Et comme le disait Mère Teresa : « *Ne laissez personne venir à vous sans qu'il ne reparte plus heureux.* »

Conclusion

« *La fin d'un voyage est toujours le début d'une aventure.* » – *Karim Berrouka*

Savourez le fruit de vos efforts

Vous voilà au terme de ce livre. Félicitations !

En appliquant jour après jour les enseignements et méthodes de cet ouvrage, vous allez progressivement vous transformer en profondeur.

CONCLUSION

Ces changements vont influencer votre vie, mais aussi votre entourage, qui sera impacté positivement par l'évolution de vos comportements.

En vous transformant, vous entamez une série de métamorphoses positives, votre rayonnement envers les autres s'amplifie, contribuant à rendre ce monde meilleur.

Gardez-vous toutefois d'imposer ces nouvelles idées à votre entourage. Le prosélytisme ne fonctionne pas.

Vivez simplement ce changement au mieux. Votre exemple sera la meilleure inspiration pour vos proches, et ce sont eux qui finiront par vous interroger sur les raisons de votre évolution. À ce moment-là, vous pourrez leur faire part de vos découvertes, et ils seront assurément plus ouverts, curieux et réceptifs.

Puissent ces lois karmiques vous accompagner toute votre vie, en vous apportant l'amour (de vous-même pour commencer), le bonheur et le succès.

Telle est mon intention pour vous, et pour le monde.

Remerciements

MERCI à mes parents qui m'ont permis de poursuivre mes rêves en acceptant mes choix. MERCI à ma femme et ma fille pour leur soutien et leur amour inconditionnel. MERCI à mes grands-parents pour leur générosité et leur bienveillance. MERCI à tous ceux qui m'ont accompagné et aidé pendant l'écriture de ce livre. MERCI à tous ceux qui m'élèvent et me permettent de devenir quelqu'un de meilleur.

Je vous aime.

> « Ne jugez pas chaque jour sur ce que vous récoltez, mais sur les graines que vous semez. »
>
> — ROBERT LOUIS STEVENSON

LES 12 LOIS UNIVERSELLES DU KARMA

Printed in France by Amazon
Brétigny-sur-Orge, FR

12884085R10132